Travel phrasebooks collection
«Everything Will Be Okay!»

PHRASEBOOK

– GEORGIAN –

THE MOST IMPORTANT PHRASES

This phrasebook contains
the most important
phrases and questions
for basic communication
Everything you need
to survive overseas

By Andrey Taranov

T&P BOOKS

Phrasebook + 1500-word dictionary

English-Georgian phrasebook & concise dictionary

By Andrey Taranov

The collection of "Everything Will Be Okay" travel phrasebooks published by T&P Books is designed for people traveling abroad for tourism and business. The phrasebooks contain what matters most - the essentials for basic communication. This is an indispensable set of phrases to "survive" while abroad.

Another section of the book also provides a small dictionary with more than 1,500 useful words arranged alphabetically. The dictionary includes a lot of gastronomic terms and will be helpful when ordering food at a restaurant or buying groceries at the store.

T&P Books Publishing
www.tpbooks.com

ISBN: 978-1-78616-749-1

This book is also available in E-book formats.
Please visit www.tpbooks.com or the major online bookstores.

FOREWORD

The collection of "Everything Will Be Okay" travel phrasebooks published by T&P Books is designed for people traveling abroad for tourism and business. The phrasebooks contain what matters most - the essentials for basic communication. This is an indispensable set of phrases to "survive" while abroad.

This phrasebook will help you in most cases where you need to ask something, get directions, find out how much something costs, etc. It can also resolve difficult communication situations where gestures just won't help.

This book contains a lot of phrases that have been grouped according to the most relevant topics. A separate section of the book also provides a small dictionary with more than 1,500 important and useful words.

Take "Everything Will Be Okay" phrasebook with you on the road and you'll have an irreplaceable traveling companion who will help you find your way out of any situation and teach you to not fear speaking with foreigners.

TABLE OF CONTENTS

T&P Books Publishing

PRONUNCIATION

Letter	Georgian example	T&P phonetic alphabet	English example
ა	აკადემია	[ɑ]	shorter than in park, card
ბ	ბიოლოგია	[b]	baby, book
გ	გრამატიკა	[g]	game, gold
დ	შუალედი	[d]	day, doctor
ე	ბედნიერი	[ɛ]	man, bad
ვ	ვერცხლი	[v]	very, river
ზ	ზარი	[z]	zebra, please
თ	თანაკლასელი	[th]	don't have
ი	ივლისი	[i]	shorter than in feet
კ	კამა	[k]	clock, kiss
ლ	ლანგარი	[l]	lace, people
მ	მარჯვენა	[m]	magic, milk
ნ	ნაყინი	[n]	name, normal
ო	ოსტატობა	[ɔ]	bottle, doctor
პ	პასპორტი	[p]	pencil, private
ჟ	ჟიური	[ʒ]	forge, pleasure
რ	რეჟისორი	[r]	rice, radio
ს	სასმელი	[s]	city, boss
ტ	ტურისტი	[t]	tourist, trip
უ	ურდული	[u]	book
ფ	ფაიფური	[ph]	top hat
ქ	ქალაქი	[kh]	work hard
ღ	ღილაკი	[ɣ]	between [g] and [h]
ყ	ყინული	[q]	king, club
შ	შედეგი	[ʃ]	machine, shark
ჩ	ჩამჩა	[ʧh]	hitchhiker
ც	ცურვა	[tsh]	let's handle it
ძ	ძიძა	[ʤ]	beads, kids
წ	წამწამი	[ʦ]	cats, tsetse fly
ჭ	ჭანჭიკი	[ʧ]	church, French
ხ	ხარისხი	[ɦ]	humor
ჯ	ჯიბე	[ʤ]	joke, general
ჰ	ჰოკიჯოხი	[h]	home, have

LIST OF ABBREVIATIONS

English abbreviations

ab.	-	about
adj	-	adjective
adv	-	adverb
anim.	-	animate
as adj	-	attributive noun used as adjective
e.g.	-	for example
etc.	-	et cetera
fam.	-	familiar
fem.	-	feminine
form.	-	formal
inanim.	-	inanimate
masc.	-	masculine
math	-	mathematics
mil.	-	military
n	-	noun
pl	-	plural
pron.	-	pronoun
sb	-	somebody
sing.	-	singular
sth	-	something
v aux	-	auxiliary verb
vi	-	intransitive verb
vi, vt	-	intransitive, transitive verb
vt	-	transitive verb

GEORGIAN PHRASEBOOK

This section contains important phrases that may come in handy in various real-life situations.
The phrasebook will help you ask for directions, clarify a price, buy tickets, and order food at a restaurant

T&P Books Publishing

PHRASEBOOK
CONTENTS

T&P Books Publishing

The bare minimum

Excuse me, ...	უკაცრავად, ... uk'atsravad, ...
Hello.	გამარჯობა. gamarjoba.
Thank you.	გმადლობთ. gmadlobt.
Good bye.	ნახვამდის. nakhvamdis.
Yes.	დიახ. diakh.
No.	არა. ara.
I don't know.	არ ვიცი. ar vitsi.
Where? | Where to? | When?	სად?| საით?| როდის? sad?| sait?| rodis?

I need ...	მე მჭირდება... me mch'irdeba...
I want ...	მე მინდა ... me minda ...
Do you have ...?	თქვენ გაქვთ ...? tkven gakvt ...?
Is there a ... here?	აქ არის ... ? ak aris ... ?
May I ...?	შემიძლია... ? shemidzlia... ?
..., please (polite request)	თუ შეიძლება tu sheidzleba

I'm looking for ...	მე ვეძებ ... me vedzeb ...
restroom	ტუალეტს t'ualet's
ATM	ბანკომატს bank'omat's
pharmacy (drugstore)	აფთიაქს aptiaks
hospital	საავადმყოფოს saavadmqopos
police station	პოლიციის განყოფილებას p'olitsiis ganqopilebas
subway	მეტროს met'ros

taxi	ტაქსს t'akss
train station	რკინიგზის სადგურს rk'inigzis sadgurs

My name is ...	მე მქვია ... me mkvia ...
What's your name?	რა გქვიათ? ra gkviat?
Could you please help me?	დამეხმარეთ, თუ შეიძლება. damekhmaret, tu sheidzleba.
I've got a problem.	პრობლემა მაქვს. p'roblema makvs.
I don't feel well.	ცუდად ვარ. tsudad var.
Call an ambulance!	გამოიძახეთ სასწრაფო! gamoidzakhet sasts'rapo!
May I make a call?	შემიძლია დავრეკო? shemidzlia davrek'o?

I'm sorry.	ბოდიშს გიხდით bodishs gikhdit
You're welcome.	არაფერს arapers

I, me	მე me
you (inform.)	შენ shen
he	ის is
she	ის is
they (masc.)	ისინი isini
they (fem.)	ისინი isini
we	ჩვენ chven
you (pl)	თქვენ tkven
you (sg, form.)	თქვენ tkven

ENTRANCE	შესასვლელი shesasvleli
EXIT	გასასვლელი gasasvleli
OUT OF ORDER	არ მუშაობს ar mushaobs
CLOSED	დაკეტილია dak'et'ilia

OPEN

ღიაა
ghiaa

FOR WOMEN

ქალებისთვის
kalebistvis

FOR MEN

მამაკაცებისთვის
mamak'atsebistvis

Questions

Where?	**სად?** sad?
Where to?	**საით?** sait?
Where from?	**საიდან?** saidan?
Why?	**რატომ?** rat'om?
For what reason?	**რისთვის?** ristvis?
When?	**როდის?** rodis?
How long?	**რამდენ ხანს?** ramden khans?
At what time?	**რომელ საათზე?** romel saatze?
How much?	**რა ღირს?** ra ghirs?
Do you have ...?	**თქვენ გაქვთ ...?** tkven gakvt ...?
Where is ...?	**სად არის ...?** sad aris ...?
What time is it?	**რომელი საათია?** romeli saatia?
May I make a call?	**შემიძლია დავრეკო?** shemidzlia davrek'o?
Who's there?	**ვინ არის?** vin aris?
Can I smoke here?	**შემიძლია აქ მოვწიო?** shemidzlia ak movts'io?
May I ...?	**შემიძლია ...?** shemidzlia ...?

Needs

I'd like …	მე მინდა … me minda …
I don't want …	მე არ მინდა … me ar minda …
I'm thirsty.	მწყურია. mts'quria.
I want to sleep.	მეძინება. medzineba.
I want …	მე მინდა … me minda …
to wash up	ხელ-პირის დაბანა khel-p'iris dabana
to brush my teeth	კბილების გაწმენდა k'bilebis gats'menda
to rest a while	ცოტა დასვენება tsot'a dasveneba
to change my clothes	ტანისამოსის გამოცვლა t'anisamosis gamotsvla
to go back to the hotel	დავბრუნდე სასტუმროში davbrunde sast'umroshi
to buy …	ვიყიდო … viqido …
to go to …	გავემგზავრო … gavemgzavro …
to visit …	ვეწვიო … vets'vio …
to meet with …	შევხვდე … shevkhvde …
to make a call	დავრეკო davrek'o
I'm tired.	მე დავიღალე. me davighale.
We are tired.	ჩვენ დავიღალეთ. chven davighalet.
I'm cold.	მე მცივა. me mtsiva.
I'm hot.	მე მცხელა. me mtskhela.
I'm OK.	მე ნორმალურად ვარ. me normalurad var.

I need to make a call.

მე უნდა დავრეკო.
me unda davrek'o.

I need to go to the restroom.

მე მინდა ტუალეტში.
me minda t'ualet'shi.

I have to go.

წასვლის დროა.
ts'asvlis droa.

I have to go now.

მე უნდა წავიდე.
me unda ts'avide.

Asking for directions

Excuse me, ...	უკაცრავად, ... uk'atsravad, ...
Where is ...?	სად არის ...? sad aris ...?
Which way is ...?	რომელი მიმართულებითაა ...? romeli mimartulebitaa ...?
Could you help me, please?	დამეხმარეთ, თუ შეიძლება. damekhmaret, tu sheidzleba.
I'm looking for ...	მე ვეძებ ... me vedzeb ...
I'm looking for the exit.	მე ვეძებ გასასვლელს. me vedzeb gasasvlels.
I'm going to ...	მე მივემგზავრები ...-ში me mivemgzavrebi ...-shi
Am I going the right way to ...?	სწორად მივდივარ ...? sts'orad mivdivar ...?
Is it far?	ეს შორსაა? es shorsaa?
Can I get there on foot?	მე მივალ იქამდე ფეხით? me mival ikamde pekhit?
Can you show me on the map?	რუკაზე მაჩვენეთ, თუ შეიძლება. ruk'aze machvenet, tu sheidzleba.
Show me where we are right now.	მაჩვენეთ, სად ვართ ახლა. machvenet, sad vart akhla.
Here	აქ ak
There	იქ ik
This way	აქეთ aket
Turn right.	მოუხვიეთ მარჯვნივ. moukhviet marjvniv.
Turn left.	მოუხვიეთ მარცხნივ. moukhviet martskhniv.
first (second, third) turn	პირველი (მეორე, მესამე) მოსახვევი p'irveli (meore, mesame) mosakhvevi
to the right	მარჯვნივ marjvniv

to the left

მარცხნივ
martskhniv

Go straight ahead.

იარეთ პირდაპირ.
iaret p'irdap'ir.

Signs

WELCOME!	კეთილი იყოს თქვენი მობრძანება! k'etili iqos tkveni mobrdzaneba!
ENTRANCE	შესასვლელი shesasvleli
EXIT	გასასვლელი gasasvleli
PUSH	თქვენგან tkvengan
PULL	თქვენკენ tkvenk'en
OPEN	ღიაა ghiaa
CLOSED	დაკეტილია dak'et'ilia
FOR WOMEN	ქალებისთვის kalebistvis
FOR MEN	მამაკაცებისთვის mamak'atsebistvis
GENTLEMEN, GENTS (m)	მამაკაცების ტუალეტი mamak'atsebis t'ualet'i
WOMEN (f)	ქალების ტუალეტი kalebis t'ualet'i
DISCOUNTS	ფასდაკლება pasdak'leba
SALE	გაყიდვა ფასდაკლებით gaqidva pasdak'lebit
FREE	უფასოდ upasod
NEW!	სიახლე! siakhle!
ATTENTION!	ყურადღება! quradgheba!
NO VACANCIES	ადგილები არ არის adgilebi ar aris
RESERVED	დაჯავშნილია dajavshnilia
ADMINISTRATION	ადმინისტრაცია administ'ratsia
STAFF ONLY	მხოლოდ პერსონალისთვის mkholod p'ersonalistvis

BEWARE OF THE DOG!	ავი ძაღლი avi dzaghli
NO SMOKING!	ნუ მოსწევთ! nu mosts'evt!
DO NOT TOUCH!	არ შეეხოთ! ar sheekhot!
DANGEROUS	საშიშია sashishia
DANGER	საფრთხე saprtkhe
HIGH VOLTAGE	მაღალი ძაბვა maghali dzabva
NO SWIMMING!	ბანაობა აკრძალულია banaoba ak'rdzalulia

OUT OF ORDER	არ მუშაობს ar mushaobs
FLAMMABLE	ცეცხლსაშიშია tsetskhlsashishia
FORBIDDEN	აკრძალულია ak'rdzalulia
NO TRESPASSING!	გავლა აკრძალულია gavla ak'rdzalulia
WET PAINT	შეღებილია sheghebilia

CLOSED FOR RENOVATIONS	დაკეტილია სარემონტოდ dak'et'ilia saremont'od
WORKS AHEAD	სარემონტო სამუშაოები saremont'o samushaoebi
DETOUR	შემოვლითი გზა shemovliti gza

Transportation. General phrases

plane	თვითმფრინავი tvitmprinavi
train	მატარებელი mat'arebeli
bus	ავტობუსი avt'obusi
ferry	ბორანი borani
taxi	ტაქსი t'aksi
car	მანქანა mankana
schedule	განრიგი ganrigi
Where can I see the schedule?	სად შეიძლება განრიგის ნახვა? sad sheidzleba ganrigis nakhva?
workdays (weekdays)	სამუშაო დღეები samushao dgheebi
weekends	დასვენების დღეები dasvenebis dgheebi
holidays	სადღესასწაულო დღეები sadghesasts'aulo dgheebi
DEPARTURE	გამგზავრება gamgzavreba
ARRIVAL	ჩამოსვლა chamosvla
DELAYED	იგვიანებს igvianebs
CANCELLED	გაუქმებულია gaukmebulia
next (train, etc.)	შემდეგი shemdegi
first	პირველი p'irveli
last	ბოლო bolo
When is the next ...?	როდის იქნება შემდეგი ...? rodis ikneba shemdegi ...?
When is the first ...?	როდის გადის პირველი ...? rodis gadis p'irveli ...?

When is the last ...?	**როდის გადის ბოლო ...?** rodis gadis bolo ...?
transfer (change of trains, etc.)	**გადაჯდომა** gadajdoma
to make a transfer	**გადაჯდომის გაკეთება** gadajdomis gak'eteba
Do I need to make a transfer?	**გადაჯდომა მომიწევს?** gadajdoma momits'evs?

Buying tickets

Where can I buy tickets?	სად შემიძლია ვიყიდო ბილეთები? sad shemidzlia viqido biletebi?
ticket	ბილეთი bileti
to buy a ticket	ბილეთის ყიდვა biletis qidva
ticket price	ბილეთის ღირებულება biletis ghirebuleba
Where to?	სად? sad?
To what station?	რომელ სადგურამდე? romel sadguramde?
I need ...	მე მჭირდება ... me mch'irdeba ...
one ticket	ერთი ბილეთი erti bileti
two tickets	ორი ბილეთი ori bileti
three tickets	სამი ბილეთი sami bileti
one-way	ერთი მიმართულებით erti mimartulebit
round-trip	იქით და უკან ikit da uk'an
first class	პირველი კლასი p'irveli k'lasi
second class	მეორე კლასი meore k'lasi
today	დღეს dghes
tomorrow	ხვალ khval
the day after tomorrow	ზეგ zeg
in the morning	დილით dilit
in the afternoon	დღისით dghisit
in the evening	საღამოს saghamos

aisle seat	ადგილი გასასვლელთან
	adgili gasasvleltan
window seat	ადგილი ფანჯარასთან
	adgili panjarastan
How much?	რამდენი?
	ramdeni?
Can I pay by credit card?	შემიძლია ბარათით გადავიხადო?
	shemidzlia baratit gadavikhado?

Bus

bus	ავტობუსი avt'obusi
intercity bus	საქალაქთაშორისო ავტობუსი sakalaktashoriso avt'obusi
bus stop	ავტობუსის გაჩერება avt'obusis gachereba
Where's the nearest bus stop?	სად არის უახლოესი ავტობუსის გაჩერება? sad aris uakhloesi avt'obusis gachereba?

number (bus ~, etc.)	ნომერი nomeri
Which bus do I take to get to …?	რომელი ავტობუსი მიდის …-მდე? romeli avt'obusi midis …-mde?
Does this bus go to …?	ეს ავტობუსი მიდის …-მდე? es avt'obusi midis …-mde?
How frequent are the buses?	რამდენად ხშირად დადიან ავტობუსები? ramdenad khshirad dadian avt'obusebi?

every 15 minutes	ყოველ თხუთმეტ წუთში qovel tkhutmet' ts'utshi
every half hour	ყოველ ნახევარ საათში qovel nakhevar saatshi
every hour	ყოველ საათში qovel saatshi
several times a day	დღეში რამდენჯერმე dgheshi ramdenjerme
… times a day	…-ჯერ დღეში …-jer dgheshi

schedule	განრიგი ganrigi
Where can I see the schedule?	სად შეიძლება განრიგის ნახვა? sad sheidzleba ganrigis nakhva?
When is the next bus?	როდის იქნება შემდეგი ავტობუსი? rodis ikneba shemdegi avt'obusi?
When is the first bus?	როდის გადის პირველი ავტობუსი? rodis gadis p'irveli avt'obusi?
When is the last bus?	როდის გადის ბოლო ავტობუსი? rodis gadis bolo avt'obusi?

stop

გაჩერება
gachereba

next stop

შემდეგი გაჩერება
shemdegi gachereba

last stop (terminus)

ბოლო გაჩერება
bolo gachereba

Stop here, please.

აქ გააჩერეთ, თუ შეიძლება.
ak gaacheret, tu sheidzleba.

Excuse me, this is my stop.

უკაცრავად, ეს ჩემი გაჩერებაა.
uk'atsravad, es chemi gacherebaa.

Train

train	მატარებელი
	mat'arebeli
suburban train	საგარეუბნო მატარებელი
	sagareubno mat'arebeli
long-distance train	შორი მიმოსვლის მატარებელი
	shori mimosvlis mat'arebeli
train station	რკინიგზის სადგური
	rk'inigzis sadguri
Excuse me, where is the exit to the platform?	უკაცრავად, სად არის მატარებლებთან გასასვლელი?
	uk'atsravad, sad aris mat'areblebtan gasasvleli?
Does this train go to ...?	ეს მატარებელი მიდის ...-მდე?
	es mat'arebeli midis ...-mde?
next train	შემდეგი მატარებელი
	shemdegi mat'arebeli
When is the next train?	როდის იქნება შემდეგი მატარებელი?
	rodis ikneba shemdegi mat'arebeli?
Where can I see the schedule?	სად შეიძლება განრიგის ნახვა?
	sad sheidzleba ganrigis nakhva?
From which platform?	რომელი ბაქნიდან?
	romeli baknidan?
When does the train arrive in ...?	როდის ჩადის მატარებელი ...-ში?
	rodis chadis mat'arebeli ...-shi?
Please help me.	დამეხმარეთ, თუ შეიძლება.
	damekhmaret, tu sheidzleba.
I'm looking for my seat.	მე ვეძებ ჩემს ადგილს.
	me vedzeb chems adgils.
We're looking for our seats.	ჩვენ ვეძებთ ჩვენს ადგილებს.
	chven vedzebt chvens adgilebs.
My seat is taken.	ჩემი ადგილი დაკავებულია.
	chemi adgili dak'avebulia.
Our seats are taken.	ჩვენი ადგილები დაკავებულია.
	chveni adgilebi dak'avebulia.
I'm sorry but this is my seat.	უკაცრავად, მაგრამ ეს ჩემი ადგილია.
	uk'atsravad, magram es chemi adgilia.
Is this seat taken?	ეს ადგილი თავისუფალია?
	es adgili tavisupalia?
May I sit here?	შემიძლია აქ დავჯდე?
	shemidzlia ak davjde?

On the train. Dialogue (No ticket)

Ticket, please.	თქვენი ბილეთი, თუ შეიძლება. tkveni bileti, tu sheidzleba.
I don't have a ticket.	მე არა მაქვს ბილეთი. me ara makvs bileti.
I lost my ticket.	მე დავკარგე ჩემი ბილეთი. me davk'arge chemi bileti.
I forgot my ticket at home.	მე ბილეთი სახლში დამრჩა. me bileti sakhlshi damrcha.
You can buy a ticket from me.	თქვენ შეგიძლიათ იყიდოთ ბილეთი ჩემგან. tkven shegidzliat iqidot bileti chemgan.
You will also have to pay a fine.	თქვენ კიდევ მოგიწევთ ჯარიმის გადახდა. tkven k'idev mogits'evt jarimis gadakhda.
Okay.	კარგი. k'argi.
Where are you going?	სად მიემგზავრებით? sad miemgzavrebit?
I'm going to ...	მე მივდივარ ...-მდე me mivdivar ...-mde
How much? I don't understand.	რამდენი? არ მესმის. ramdeni? ar mesmis.
Write it down, please.	დამიწერეთ, თუ შეიძლება. damits'eret, tu sheidzleba.
Okay. Can I pay with a credit card?	კარგი. შემიძლია ბარათით გადავიხადო? k'argi. shemidzlia baratit gadavikhado?
Yes, you can.	დიახ, შეგიძლიათ. diakh, shegidzliat.
Here's your receipt.	აი თქვენი ქვითარი. ai tkveni kvitari.
Sorry about the fine.	ვწუხვარ ჯარიმაზე. vts'ukhvar jarimaze.
That's okay. It was my fault.	არა უშავს. ეს ჩემი ბრალია. ara ushavs. es chemi bralia.
Enjoy your trip.	სასიამოვნო მგზავრობას გისურვებთ. sasiamovno mgzavrobas gisurvebt.

Taxi

taxi	ტაქსი t'aksi
taxi driver	ტაქსისტი t'aksist'i
to catch a taxi	ტაქსის დაჭერა t'aksis dach'era
taxi stand	ტაქსის გაჩერება t'aksis gachereba
Where can I get a taxi?	სად შემიძლია ტაქსის გაჩერება? sad shemidzlia t'aksis gachereba?
to call a taxi	ტაქსის გამოძახება t'aksis gamodzakheba
I need a taxi.	მე მჭირდება ტაქსი. me mch'irdeba t'aksi.
Right now.	პირდაპირ ახლა. p'irdap'ir akhla.
What is your address (location)?	თქვენი მისამართი? tkveni misamarti?
My address is ...	ჩემი მიასამართია ... chemi miasamartia ...
Your destination?	სად უნდა გაემგზავროთ? sad unda gaemgzavrot?
Excuse me, ...	უკაცრავად, ... uk'atsravad, ...
Are you available?	თქვენ თავისუფალი ხართ? tkven tavisupali khart?
How much is it to get to ...?	რა ღირს წასვლა ...-მდე? ra ghirs ts'asvla ...-mde?
Do you know where it is?	თქვენ იცით, სად არის ეს? tkven itsit, sad aris es?
Airport, please.	აეროპორტში, თუ შეიძლება. aerop'ort'shi, tu sheidzleba.
Stop here, please.	აქ გააჩერეთ, თუ შეიძლება. ak gaacheret, tu sheidzleba.
It's not here.	ეს აქ არ არის. es ak ar aris.
This is the wrong address.	ეს არასწორი მისამართია. es arasts'ori misamartia.
Turn left.	ახლა მარცხნივ. akhla martskhniv.

Turn right.	**ახლა მარჯვნივ.** akhla marjvniv.
How much do I owe you?	**რამდენი უნდა გადაგიხადოთ?** ramdeni unda gadagikhadot?
I'd like a receipt, please.	**ჩეკი მომეცით, თუ შეიძლება.** chek'i mometsit, tu sheidzleba.
Keep the change.	**ხურდა არ მინდა.** khurda ar minda.

Would you please wait for me?	**დამელოდეთ, თუ შეიძლება.** damelodet, tu sheidzleba.
five minutes	**ხუთი წუთი** khuti ts'uti
ten minutes	**ათი წუთი** ati ts'uti
fifteen minutes	**თხუთმეტი წუთი** tkhutmet'i ts'uti
twenty minutes	**ოცი წუთი** otsi ts'uti
half an hour	**ნახევარი საათი** nakhevari saati

Hotel

Hello.	გამარჯობა.
	gamarjoba.
My name is ...	მე მქვია ...
	me mkvia ...
I have a reservation.	მე დავჯავშნე ნომერი.
	me davjavshne nomeri.
I need ...	მე მჭირდება ...
	me mch'irdeba ...
a single room	ერთადგილიანი ნომერი
	ertadgiliani nomeri
a double room	ორადგილიანი ნომერი
	oradgiliani nomeri
How much is that?	რა ღირს?
	ra ghirs?
That's a bit expensive.	ეს ცოტა ძვირია.
	es tsot'a dzviria.
Do you have anything else?	გაქვთ კიდევ რამე?
	gakvt k'idev rame?
I'll take it.	მე ავიღებ ამას.
	me avigheb amas.
I'll pay in cash.	მე ნაღდით გადავიხდი.
	me naghdit gadavikhdi.
I've got a problem.	პრობლემა მაქვს.
	p'roblema makvs.
My ... is broken.	ჩემთან გაფუჭებულია ...
	chemtan gapuch'ebulia ...
My ... is out of order.	ჩემთან არ მუშაობს ...
	chemtan ar mushaobs ...
TV	ტელევიზორი
	t'elevizori
air conditioner	კონდიციონერი
	k'onditsioneri
tap	ონკანი
	onk'ani
shower	შხაპი
	shkhap'i
sink	ნიჟარა
	nizhara
safe	სეიფი
	seipi

door lock	საკეტი
	sak'et'i
electrical outlet	როზეტი
	rozet'i
hairdryer	ფენი
	peni

I don't have …	მე არა მაქვს …
	me ara makvs …
water	წყალი
	ts'qali
light	სინათლე
	sinatle
electricity	დენი
	deni

Can you give me …?	შეგიძლიათ მომცეთ …?
	shegidzliat momtset …?
a towel	პირსახოცი
	p'irsakhotsi
a blanket	საბანი
	sabani
slippers	ჩუსტები, ფლოსტები, ქოშები
	chust'ebi, plost'ebi, koshebi
a robe	ხალათი
	khalati
shampoo	შამპუნი
	shamp'uni
soap	საპონი
	sap'oni

I'd like to change rooms.	მე მინდა გამოვცვალო ნომერი.
	me minda gamovtsvalo nomeri.
I can't find my key.	ვერ ვპოულობ ჩემს გასაღებს.
	ver vp'oulob chems gasaghebs.
Could you open my room, please?	გამიღეთ ჩემი ნომერი, თუ შეიძლება.
	gamighet chemi nomeri, tu sheidzleba.
Who's there?	ვინ არის?
	vin aris?
Come in!	მობრძანდით!
	mobrdzandit!
Just a minute!	ერთი წუთით!
	erti ts'utit!
Not right now, please.	თუ შეიძლება, ახლა არა.
	tu sheidzleba, akhla ara.
Come to my room, please.	შემობრძანდით ჩემთან,
	თუ შეიძლება.
	shemobrdzandit chemtan,
	tu sheidzleba.
I'd like to order food service.	მე მინდა შევუკვეთო საჭმელი
	ნომერში.
	me minda shevuk'veto sach'meli
	nomershi.

My room number is …	ჩემი ოთახის ნომერია … chemi otakhis nomeria …
I'm leaving …	მე მივემგზავრები … me mivemgzavrebi …
We're leaving …	ჩვენ მივემგზავრებით … chven mivemgzavrebit …
right now	ახლა akhla
this afternoon	დღეს სადილის შემდეგ dghes sadilis shemdeg
tonight	დღეს საღამოს dghes saghamos
tomorrow	ხვალ khval
tomorrow morning	ხვალ დილით khval dilit
tomorrow evening	ხვალ საღამოს khval saghamos
the day after tomorrow	ზეგ zeg
I'd like to pay.	მე მინდა გავასწორო ანგარიში. me minda gavasts'oro angarishi.
Everything was wonderful.	ყველაფერი შესანიშნავი იყო. qvelaperi shesanishnavi iqo.
Where can I get a taxi?	სად შემიძლია ტაქსის გაჩერება? sad shemidzlia t'aksis gachereba?
Would you call a taxi for me, please?	გამომიძახეთ ტაქსი, თუ შეიძლება. gamomidzakhet t'aksi, tu sheidzleba.

Restaurant

Can I look at the menu, please?
შემიძლია ვნახო თქვენი მენიუ?
shemidzlia vnakho tkveni meniu?

Table for one.
მაგიდა ერთი კაცისთვის.
magida erti k'atsistvis.

There are two (three, four) of us.
ჩვენ ორნი (სამნი, ოთხნი) ვართ.
chven orni (samni, otkhni) vart.

Smoking
მწეველებისთვის
mts'evelebistvis

No smoking
არამწეველებისთვის
aramts'evelebistvis

Excuse me! (addressing a waiter)
თუ შეიძლება!
tu sheidzleba!

menu
მენიუ
meniu

wine list
ღვინის ბარათი
ghvinis barati

The menu, please.
მენიუ, თუ შეიძლება.
meniu, tu sheidzleba.

Are you ready to order?
თქვენ მზად ხართ შეკვეთის
გასაკეთებლად?
tkven mzad khart shek'vetis
gasak'eteblad?

What will you have?
რას შეუკვეთავთ?
ras sheuk'vetavt?

I'll have ...
მე მინდა ...
me minda ...

I'm a vegetarian.
მე ვეგეტარიანელი ვარ.
me veget'arianeli var.

meat
ხორცი
khortsi

fish
თევზი
tevzi

vegetables
ბოსტნეული
bost'neuli

Do you have vegetarian dishes?
თქვენ გაქვთ ვეგეტარიანული კერძები?
tkven gakvt veget'arianuli k'erdzebi?

I don't eat pork.
მე არ ვჭამ ღორის ხორცს.
me ar vch'am ghoris khortss.

He /she/ doesn't eat meat.
ის არ ჭამს ხორცს.
is ar ch'ams khortss.

I am allergic to …	მე ალერგია მაქვს …-ზე me alergia makvs …-ze
Would you please bring me …	მომიტანეთ, თუ შეიძლება, … momit'anet, tu sheidzleba, …
salt | pepper | sugar	მარილი | პილპილი | შაქარი marili | p'ilp'ili | shakari
coffee | tea | dessert	ყავა | ჩაი | დესერტი qava | chai | desert'i
water | sparkling | plain	წყალი | გაზიანი | უგაზო ts'qali | gaziani | ugazo
a spoon | fork | knife	კოვზი | ჩანგალი | დანა k'ovzi | changali | dana
a plate | napkin	თეფში | ხელსახოცი tepshi | khelsakhotsi

Enjoy your meal!	გემრიელად მიირთვით! gemrielad miirtvit!
One more, please.	კიდევ მომიტანეთ, თუ შეიძლება. k'idev momit'anet, tu sheidzleba.
It was very delicious.	ძალიან გემრიელი იყო. dzalian gemrieli iqo.

check | change | tip	ანგარიში | ხურდა | ჩაის ფული angarishi | khurda | chais puli
Check, please. (Could I have the check, please?)	ანგარიში, თუ შეიძლება. angarishi, tu sheidzleba.
Can I pay by credit card?	შემიძლია ბარათით გადავიხადო? shemidzlia baratit gadavikhado?
I'm sorry, there's a mistake here.	უკაცრავად, აქ შეცდომაა. uk'atsravad, ak shetsdomaa.

Shopping

Can I help you?	შემიძლია დაგეხმაროთ? shemidzlia dagekhmarot?
Do you have ...?	თქვენ გაქვთ ...? tkven gakvt ...?
I'm looking for ...	მე ვეძებ ... me vedzeb ...
I need ...	მე მჭირდება ... me mch'irdeba ...
I'm just looking.	მე უბრალოდ ვათვალიერებ. me ubralod vatvaliereb.
We're just looking.	ჩვენ უბრალოდ ვათვალიერებთ. chven ubralod vatvalierebt.
I'll come back later.	მე მოგვიანებით მოვალ. me mogvianebit moval.
We'll come back later.	ჩვენ მოგვიანებით მოვალთ. chven mogvianebit movalt.
discounts	sale	ფასდაკლება	გაყიდვა ფასდაკლებით pasdak'leba	gaqidva pasdak'lebit
Would you please show me ...	მაჩვენეთ, თუ შეიძლება ... machvenet, tu sheidzleba ...
Would you please give me ...	მომეცით, თუ შეიძლება ... mometsit, tu sheidzleba ...
Can I try it on?	შეიძლება ეს მოვიზომო? sheidzleba es movizomo?
Excuse me, where's the fitting room?	უკაცრავად, სად არის ტანსაცმლის მოსაზომი? uk'atsravad, sad aris t'ansatsmlis mosazomi?
Which color would you like?	რომელი ფერი გნებავთ? romeli peri gnebavt?
size	length	ზომა	სიმაღლე zoma	simaghle
How does it fit?	მოგერგოთ? mogergot?
How much is it?	რა ღირს ეს? ra ghirs es?
That's too expensive.	ეს ძალიან ძვირია. es dzalian dzviria.
I'll take it.	მე ამას ავიღებ. me amas avigheb.

Excuse me, where do I pay?	უკაცრავად, სად არის სალარო? uk'atsravad, sad aris salaro?
Will you pay in cash or credit card?	როგორ გადაიხდით? ნაღდით თუ საკრედიტო ბარათით? rogor gadaikhdit? naghdit tu sak'redit'o baratit?
In cash | with credit card	ნაღდით | ბარათით naghdit | baratit
Do you want the receipt?	თქვენ გჭირდებათ ჩეკი? tkven gch'irdebat chek'i?
Yes, please.	დიახ, თუ შეიძლება. diakh, tu sheidzleba.
No, it's OK.	არა, არ არის საჭირო. გმადლობთ. ara, ar aris sach'iro. gmadlobt.
Thank you. Have a nice day!	გმადლობთ. კარგად ბრძანდებოდეთ! gmadlobt. k'argad brdzandebodet!

In town

Excuse me, please.	უკაცრავად, თუ შეიძლება ... uk'atsravad, tu sheidzleba ...
I'm looking for ...	მე ვეძებ ... me vedzeb ...
the subway	მეტროს met'ros
my hotel	ჩემს სასტუმროს chems sast'umros
the movie theater	კინოთეატრს k'inoteat'rs
a taxi stand	ტაქსის გაჩერებას t'aksis gacherebas
an ATM	ბანკომატს bank'omat's
a foreign exchange office	ვალუტის გაცვლას valut'is gatsvlas
an internet café	ინტერნეტ-კაფეს int'ernet'-k'apes
... street	... ქუჩას ... kuchas
this place	აი ამ ადგილს ai am adgils
Do you know where ... is?	თქვენ არ იცით, სად მდებარეობს ...? tkven ar itsit, sad mdebareobs ...?
Which street is this?	რა ჰქვია ამ ქუჩას? ra hkvia am kuchas?
Show me where we are right now.	მაჩვენეთ, სად ვართ ახლა. machvenet, sad vart akhla.
Can I get there on foot?	მე მივალ იქამდე ფეხით? me mival ikamde pekhit?
Do you have a map of the city?	თქვენ გაქვთ ქალაქის რუკა? tkven gakvt kalakis ruk'a?
How much is a ticket to get in?	რა ღირს შესასვლელი ბილეთი? ra ghirs shesasvleli bileti?
Can I take pictures here?	აქ შეიძლება ფოტოგადაღება? ak sheidzleba pot'ogadagheba?
Are you open?	თქვენთან ღიაა? tkventan ghiaa?

When do you open?	რომელ საათზე გაიხსნებით?
	romel saatze gaikhsnebit?
When do you close?	რომელ საათამდე მუშაობთ?
	romel saatamde mushaobt?

Money

money	ფული puli
cash	ნაღდი ფული naghdi puli
paper money	ქაღალდის ფული kaghaldis puli
loose change	ხურდა ფული khurda puli
check | change | tip	ანგარიში | ხურდა | ჩაის ფული angarishi | khurda | chais puli

credit card	საკრედიტო ბარათი sak'redit'o barati
wallet	საფულე sapule
to buy	ყიდვა, შეძენა qidva, shedzena
to pay	გადახდა gadakhda
fine	ჯარიმა jarima
free	უფასოდ upasod

Where can I buy ...?	სად შემიძლია ვიყიდო ...? sad shemidzlia viqido ...?
Is the bank open now?	ბანკი ახლა ღიაა? bank'i akhla ghiaa?
When does it open?	რომელ საათზე იღება? romel saatze igheba?
When does it close?	რომელ საათამდე მუშაობს? romel saatamde mushaobs?

How much?	რამდენი? ramdeni?
How much is this?	რა ღირს ეს? ra ghirs es?
That's too expensive.	ეს ძალიან ძვირია. es dzalian dzviria.

Excuse me, where do I pay?	უკაცრავად, სად არის სალარო? uk'atsravad, sad aris salaro?
Check, please.	ანგარიში, თუ შეიძლება. angarishi, tu sheidzleba.

Can I pay by credit card?	**შემიძლია ბარათით გადავიხადო?** shemidzlia baratit gadavikhado?
Is there an ATM here?	**აქ არის ბანკომატი?** ak aris bank'omat'i?
I'm looking for an ATM.	**მე მჭირდება ბანკომატი.** me mch'irdeba bank'omat'i.

I'm looking for a foreign exchange office.	**მე ვეძებ ვალუტის გადამცვლელს.** me vedzeb valut'is gadamtsvlels.
I'd like to change ...	**მე მინდა გადავცვალო ...** me minda gadavtsvalo ...
What is the exchange rate?	**როგორია გაცვლითი კურსი?** rogoria gatsvliti k'ursi?
Do you need my passport?	**გჭირდებათ ჩემი პასპორტი?** gch'irdebat chemi p'asp'ort'i?

Time

What time is it?	რომელი საათია? romeli saatia?
When?	როდის? rodis?
At what time?	რომელ საათზე? romel saatze?
now | later | after …	ახლა | მოგვიანებით | … შემდეგ akhla | mogvianebit | … shemdeg
one o'clock	დღის პირველი საათი dghis p'irveli saati
one fifteen	პირველი საათი და თხუთმეტი წუთი p'irveli saati da tkhutmet'i ts'uti
one thirty	პირველი საათი და ოცდაათი წუთი p'irveli saati da otsdaati ts'uti
one forty-five	ორს აკლია თხუთმეტი წუთი ors ak'lia tkhutmet'i ts'uti
one | two | three	ერთი | ორი | სამი erti | ori | sami
four | five | six	ოთხი | ხუთი | ექვსი otkhi | khuti | ekvsi
seven | eight | nine	შვიდი | რვა | ცხრა shvidi | rva | tskhra
ten | eleven | twelve	ათი | თერთმეტი | თორმეტი ati | tertmet'i | tormet'i
in …	…-ის შემდეგ …-is shemdeg
five minutes	ხუთი წუთის khuti ts'utis
ten minutes	ათი წუთის ati ts'utis
fifteen minutes	თხუთმეტი წუთის tkhutmet'i ts'utis
twenty minutes	ოცი წუთის otsi ts'utis
half an hour	ნახევარ საათში nakhevar saatshi
an hour	ერთ საათში ert saatshi
in the morning	დილით dilit
early in the morning	დილით ადრე dilit adre

this morning	დღეს დილით
	dghes dilit
tomorrow morning	ხვალ დილით
	khval dilit

in the middle of the day	სადილზე
	sadilze
in the afternoon	სადილის შემდეგ
	sadilis shemdeg
in the evening	საღამოს
	saghamos
tonight	დღეს საღამოს
	dghes saghamos

at night	ღამით
	ghamit
yesterday	გუშინ
	gushin
today	დღეს
	dghes
tomorrow	ხვალ
	khval
the day after tomorrow	ზეგ
	zeg

What day is it today?	დღეს რა დღეა?
	dghes ra dghea?
It's ...	დღეს ...
	dghes ...
Monday	ორშაბათი
	orshabati
Tuesday	სამშაბათი
	samshabati
Wednesday	ოთხშაბათი
	otkhshabati

Thursday	ხუთშაბათი
	khutshabati
Friday	პარასკევი
	p'arask'evi
Saturday	შაბათი
	shabati
Sunday	კვირა
	k'vira

Greetings. Introductions

Hello.
გამარჯობა.
gamarjoba.

Pleased to meet you.
მოხარული ვარ თქვენი გაცნობით.
mokharuli var tkveni gatsnobit.

Me too.
მეც.
mets.

I'd like you to meet ...
გაიცანით. ეს არის ...
gaitsanit. es aris ...

Nice to meet you.
ძალიან სასიამოვნოა.
dzalian sasiamovnoa.

How are you?
როგორ ხართ? როგორ არის თქვენი საქმეები?
rogor khart? rogor aris tkveni sakmeebi?

My name is ...
მე მქვია ...
me mkvia ...

His name is ...
მას ჰქვია ...
mas hkvia ...

Her name is ...
მას ჰქვია ...
mas hkvia ...

What's your name?
რა გქვიათ?
ra gkviat?

What's his name?
რა ჰქვია მას?
ra hkvia mas?

What's her name?
რა ჰქვია მას?
ra hkvia mas?

What's your last name?
რა გვარი ხართ?
ra gvari khart?

You can call me ...
დამიძახეთ ...
damidzakhet ...

Where are you from?
საიდან ხართ?
saidan khart?

I'm from ...
მე ...-დან ვარ
me ...-dan var

What do you do for a living?
რად მუშაობთ?
rad mushaobt?

Who is this?
ვინ არის ეს?
vin aris es?

Who is he?
ვინ არის ის?
vin aris is?

Who is she?	ვინ არის ის?
	vin aris is?
Who are they?	ვინ არიან ისინი?
	vin arian isini?

This is ...	ეს არის ...
	es aris ...
my friend (masc.)	ჩემი მეგობარი
	chemi megobari
my friend (fem.)	ჩემი მეგობარი
	chemi megobari
my husband	ჩემი ქმარი
	chemi kmari
my wife	ჩემი ცოლი
	chemi tsoli

my father	ჩემი მამა
	chemi mama
my mother	ჩემი დედა
	chemi deda
my brother	ჩემი ძმა
	chemi dzma
my sister	ჩემი და
	chemi da
my son	ჩემი ვაჟი
	chemi vazhi
my daughter	ჩემი ქალიშვილი
	chemi kalishvili

This is our son.	ეს ჩვენი ვაჟიშვილია.
	es chveni vazhishvilia.
This is our daughter.	ეს ჩვენი ქალიშვილია.
	es chveni kalishvilia.
These are my children.	ეს ჩემი შვილები არიან.
	es chemi shvilebi arian.
These are our children.	ეს ჩვენი შვილები არიან.
	es chveni shvilebi arian.

Farewells

Good bye!	ნახვამდის! nakhvamdis!
Bye! (inform.)	კარგად! k'argad!
See you tomorrow.	ხვალამდე. khvalamde.
See you soon.	შეხვედრამდე. shekhvedramde.
See you at seven.	შვიდზე შევხვდებით. shvidze shevkhvdebit.

Have fun!	გაერთეთ! gaertet!
Talk to you later.	ვისაუბროთ მოგვიანებით. visaubrot mogvianebit.
Have a nice weekend.	წარმატებულ დასვენების დღეებს გისურვებთ. ts'armat'ebul dasvenebis dgheebs gisurvebt.
Good night.	ღამე მშვიდობისა. ghame mshvidobisa.

It's time for me to go.	ჩემი წასვლის დროა. chemi ts'asvlis droa.
I have to go.	მე უნდა წავიდე. me unda ts'avide.
I will be right back.	ახლავე დავბრუნდები. akhlave davbrundebi.

It's late.	უკვე გვიანია. uk've gviania.
I have to get up early.	მე ადრე უნდა ავდგე. me adre unda avdge.
I'm leaving tomorrow.	მე ხვალ მივდივარ. me khval mivdivar.
We're leaving tomorrow.	ჩვენ ხვალ მივდივართ. chven khval mivdivart.

Have a nice trip!	ბედნიერ მგზავრობას გისურვებთ! bednier mgzavrobas gisurvebt!
It was nice meeting you.	სასიამოვნო იყო თქვენი გაცნობა. sasiamovno iqo tkveni gatsnoba.

It was nice talking to you.	სასიამოვნო იყო თქვენთან ურთიერთობა. sasiamovno iqo tkventan urtiertoba.
Thanks for everything.	გმადლობთ ყველაფრისთვის. gmadlobt qvelapristvis.

I had a very good time.	მე საუცხოოდ გავატარე დრო. me sautskhood gavat'are dro.
We had a very good time.	ჩვენ საუცხოოდ გავატარეთ დრო. chven sautskhood gavat'aret dro.
It was really great.	ყველაფერი ჩინებული იყო. qvelaperi chinebuli iqo.
I'm going to miss you.	მე მომენატრებით. me momenat'rebit.
We're going to miss you.	ჩვენ მოგვენატრებით. chven mogvenat'rebit.

Good luck!	წარმატებებს გისურვებთ! ბედნიერად! ts'armat'ebebs gisurvebt! bednierad!
Say hi to …	მოკითხვა გადაეცით … mok'itkhva gadaetsit …

Foreign language

I don't understand.	მე არ მესმის. me ar mesmis.
Write it down, please.	დაწერეთ ეს, თუ შეიძლება. dats'eret es, tu sheidzleba.
Do you speak ...?	თქვენ იცით ...? tkven itsit ...?

I speak a little bit of ...	მე ცოტა ვიცი ... me tsot'a vitsi ...
English	ინგლისური inglisuri

Turkish	თურქული turkuli
Arabic	არაბული arabuli
French	ფრანგული pranguli

German	გერმანული germanuli
Italian	იტალიური it'aliuri
Spanish	ესპანური esp'anuri

Portuguese	პორტუგალიური p'ort'ugaliuri
Chinese	ჩინური chinuri
Japanese	იაპონური iap'onuri

Can you repeat that, please.	გაიმეორეთ, თუ შეიძლება. gaimeoret, tu sheidzleba.
I understand.	მე მესმის. me mesmis.
I don't understand.	მე არ მესმის. me ar mesmis.
Please speak more slowly.	ილაპარაკეთ უფრო ნელა, თუ შეიძლება. ilap'arak'et upro nela, tu sheidzleba.

Is that correct? (Am I saying it right?)

ეს სწორია?
es sts'oria?

What is this? (What does this mean?)

რა არის ეს?
ra aris es?

Apologies

Excuse me, please.	ბოდიში, უკაცრავად. bodishi, uk'atsravad.
I'm sorry.	მე ვწუხვარ. me vts'ukhvar.
I'm really sorry.	მე ძალიან ვწუხვარ. me dzalian vts'ukhvar.
Sorry, it's my fault.	დამნაშავე ვარ, ეს ჩემი ბრალია. damnashave var, es chemi bralia.
My mistake.	ჩემი შეცდომაა. chemi shetsdomaa.
May I ...?	მე შემიძლია ...? me shemidzlia ...?
Do you mind if I ...?	წინააღმდეგი ხომ არ იქნებით, მე რომ ...? ts'inaaghmdegi khom ar iknebit, me rom ...?
It's OK.	არა უშავს. ara ushavs.
It's all right.	ყველაფერი წესრიგშია. qvelaperi ts'esrigshia.
Don't worry about it.	ნუ შეწუხდებით. nu shets'ukhdebit.

Agreement

Yes.	დიახ. diakh.
Yes, sure.	დიახ, რა თქმა უნდა. diakh, ra tkma unda.
OK (Good!)	კარგი! k'argi!
Very well.	ძალიან კარგი. dzalian k'argi.
Certainly!	რა თქმა უნდა! ra tkma unda!
I agree.	მე თანახმა ვარ. me tanakhma var.
That's correct.	სწორია. sts'oria.
That's right.	სწორია. sts'oria.
You're right.	თქვენ მართალი ხართ. tkven martali khart.
I don't mind.	მე წინააღმდეგი არა ვარ. me ts'inaaghmdegi ara var.
Absolutely right.	სრული ჭეშმარიტებაა. sruli ch'eshmarit'ebaa.
It's possible.	ეს შესაძლებელია. es shesadzlebelia.
That's a good idea.	ეს კარგი აზრია. es k'argi azria.
I can't say no.	უარს ვერ ვიტყვი. uars ver vit'qvi.
I'd be happy to.	მოხარული ვიქნები. mokharuli viknebi.
With pleasure.	სიამოვნებით. siamovnebit.

Refusal. Expressing doubt

No.
არა.
ara.

Certainly not.
რა თქმა უნდა არა.
ra tkma unda ara.

I don't agree.
მე თანახმა არ ვარ.
me tanakhma ar var.

I don't think so.
მე ასე არ ვფიქრობ.
me ase ar vpikrob.

It's not true.
ეს მართალი არაა.
es martali araa.

You are wrong.
თქვენ არ ხართ მართალი.
tkven ar khart martali.

I think you are wrong.
მე მგონია, რომ თქვენ მართალი არ ხართ.
me mgonia, rom tkven martali ar khart.

I'm not sure.
დარწმუნებული არ ვარ.
darts'munebuli ar var.

It's impossible.
ეს შეუძლებელია.
es sheudzlebelia.

Nothing of the kind (sort)!
ნურას უკაცრავად!
nuras uk'atsravad!

The exact opposite.
პირიქით!
p'irikit!

I'm against it.
მე წინააღმდეგი ვარ.
me ts'inaaghmdegi var.

I don't care.
ჩემთვის სულ ერთია.
chemtvis sul ertia.

I have no idea.
აზრზე არ ვარ.
azrze ar var.

I doubt it.
მეეჭვება, რომ ეს ასეა.
meech'veba, rom es asea.

Sorry, I can't.
ბოდიში, მე არ შემიძლია.
bodishi, me ar shemidzlia.

Sorry, I don't want to.
ბოდიში, მე არ მინდა.
bodishi, me ar minda.

Thank you, but I don't need this.
გმადლობთ, მე ეს არ მჭირდება.
gmadlobt, me es ar mch'irdeba.

It's getting late.
უკვე გვიანია.
uk've gviania.

I have to get up early.

მე ადრე უნდა ავდგე.
me adre unda avdge.

I don't feel well.

მე შეუძლოდ ვარ.
me sheudzlod var.

Expressing gratitude

Thank you.	გმადლობთ. gmadlobt.
Thank you very much.	დიდი მადლობა. didi madloba.
I really appreciate it.	ძალიან მადლიერი ვარ. dzalian madlieri var.
I'm really grateful to you.	მე თქვენი მადლობელი ვარ. me tkveni madlobeli var.
We are really grateful to you.	ჩვენ თქვენი მადლიერნი ვართ. chven tkveni madlierni vart.
Thank you for your time.	გმადლობთ, რომ დრო დახარჯეთ. gmadlobt, rom dro dakharjet.
Thanks for everything.	მადლობა ყველაფრისთვის. madloba qvelapristvis.
Thank you for ...	მადლობა ...-თვის madloba ...-tvis
your help	თქვენი დახმარებისთვის tkveni dakhmarebistvis
a nice time	კარგი დროისთვის k'argi droistvis
a wonderful meal	მშვენიერი საჭმელისთვის mshvenieri sach'melistvis
a pleasant evening	სასიამოვნო საღამოსთვის sasiamovno saghamostvis
a wonderful day	შესანიშნავი დღისთვის shesanishnavi dghistvis
an amazing journey	საინტერესო ექსკურსიისთვის. saint'ereso eksk'ursiistvis.
Don't mention it.	არაფერს. arapers.
You are welcome.	არ ღირს სამადლობლად. ar ghirs samadloblad.
Any time.	ყოველთვის მზად ვარ. qoveltvis mzad var.
My pleasure.	მოხარული ვიყავი დაგხმარებოდით. mokharuli viqavi dagkhmarebodit.
Forget it.	დაივიწყეთ. ყველაფერი წესრიგშია. daivits'qet. qvelaperi ts'esrigshia.
Don't worry about it.	ნუ ღელავთ. nu ghelavt.

Congratulations. Best wishes

Congratulations!	გილოცავთ! gilotsavt!
Happy birthday!	გილოცავთ დაბადების დღეს! gilotsavt dabadebis dghes!
Merry Christmas!	ბედნიერ შობას გისურვებთ! bednier shobas gisurvebt!
Happy New Year!	გილოცავთ ახალ წელს! gilotsavt akhal ts'els!
Happy Easter!	ნათელ აღდგომას გილოცავთ! natel aghdgomas gilotsavt!
Happy Hanukkah!	ბედნიერ ჰანუკას გისურვებთ! bednier hanuk'as gisurvebt!
I'd like to propose a toast.	მე მაქვს სადღეგრძელო. me makvs sadghegrdzelo.
Cheers!	გაგიმარჯოთ! gagimarjot!
Let's drink to …!	დავლიოთ …! davliot …!
To our success!	ჩვენი წარმატების იყოს! chveni ts'armat'ebis iqos!
To your success!	თქვენი წარმატების იყოს! tkveni ts'armat'ebis iqos!
Good luck!	წარმატებას გისურვებთ! ts'armat'ebas gisurvebt!
Have a nice day!	სასიამოვნო დღეს გისურვებთ! sasiamovno dghes gisurvebt!
Have a good holiday!	კარგ დასვენებას გისურვებთ! k'arg dasvenebas gisurvebt!
Have a safe journey!	გისურვებთ წარმატებულ მგზავრობას! gisurvebt ts'armat'ebul mgzavrobas!
I hope you get better soon!	გისურვებთ მალე გამოჯანმრთელებას! gisurvebt male gamojanmrtelebas!

Socializing

Why are you sad?

რატომ ხართ უხასიათოდ?
rat'om khart ukhasiatod?

Smile! Cheer up!

გაიღიმეთ!
gaighimet!

Are you free tonight?

თქვენ არ ხართ დაკავებული დღეს საღამოს?
tkven ar khart dak'avebuli dghes saghamos?

May I offer you a drink?

მე შემიძლია შემოგთავაზოთ დალევა?
me shemidzlia shemogtavazot daleva?

Would you like to dance?

არ გინდათ ცეკვა?
ar gindat tsek'va?

Let's go to the movies.

იქნებ კინოში წავიდეთ?
ikneb k'inoshi ts'avidet?

May I invite you to ...?

შემიძლია დაგპატიჟოთ ...-ში?
shemidzlia dagp'at'izhot ...-shi?

a restaurant

რესტორანში
rest'oranshi

the movies

კინოში
k'inoshi

the theater

თეატრში
teat'rshi

go for a walk

სასეირნოდ
saseirnod

At what time?

რომელ საათზე?
romel saatze?

tonight

დღეს საღამოს
dghes saghamos

at six

ექვს საათზე
ekvs saatze

at seven

შვიდ საათზე
shvid saatze

at eight

რვა საათზე
rva saatze

at nine

ცხრა საათზე
tskhra saatze

Do you like it here?

თქვენ აქ მოგწონთ?
tkven ak mogts'ont?

Are you here with someone?

თქვენ აქ ვინმესთან ერთად ხართ?
tkven ak vinmestan ertad khart?

I'm with my friend.

მე მეგობართან ერთად ვარ.
me megobartan ertad var.

I'm with my friends.

მე მეგობრებთან ერთად ვარ.
me megobrebtan ertad var.

No, I'm alone.

მე მარტო ვარ.
me mart'o var.

Do you have a boyfriend?

შენ მეგობარი ვაჟი გყავს?
shen megobari vazhi gqavs?

I have a boyfriend.

მე მყავს მეგობარი ვაჟი.
me mqavs megobari vazhi.

Do you have a girlfriend?

შენ გყავს მეგობარი გოგონა?
shen gqavs megobari gogona?

I have a girlfriend.

მე მყავს მეგობარი გოგონა.
me mqavs megobari gogona.

Can I see you again?

ჩვენ კიდევ შევხვდებით?
chven k'idev shevkhvdebit?

Can I call you?

შეიძლება დაგირეკო?
sheidzleba dagirek'o?

Call me. (Give me a call.)

დამირეკე.
damirek'e.

What's your number?

რა ნომერი გაქვს?
ra nomeri gakvs?

I miss you.

მენატრები.
menat'rebi.

You have a beautiful name.

თქვენ ძალიან ლამაზი სახელი გაქვთ.
tkven dzalian lamazi sakheli gakvt.

I love you.

მე შენ მიყვარხარ.
me shen miqvarkhar.

Will you marry me?

გამომყევი ცოლად.
gamomqevi tsolad.

You're kidding!

თქვენ ხუმრობთ!
tkven khumrobt!

I'm just kidding.

მე უბრალოდ ვხუმრობ.
me ubralod vkhumrob.

Are you serious?

თქვენ სერიოზულად?
tkven seriozulad?

I'm serious.

მე სერიოზულად ვამბობ.
me seriozulad vambob.

Really?!

მართლა?!
martla?!

It's unbelievable!

ეს წარმოუდგენელია!
es ts'armoudgenelia!

I don't believe you.

მე თქვენი არ მჯერა.
me tkveni ar mjera.

I can't.

მე არ შემიძლია.
me ar shemidzlia.

I don't know.

მე არ ვიცი.
me ar vitsi.

I don't understand you.

მე თქვენი არ მესმის.
me tkveni ar mesmis.

Please go away.

წადით, თუ შეიძლება.
ts'adit, tu sheidzleba.

Leave me alone!

დამანებეთ თავი!
damanebet tavi!

I can't stand him.

მე მას ვერ ვიტან.
me mas ver vit'an.

You are disgusting!

თქვენ ამაზრზენი ხართ!
tkven amazrzeni khart!

I'll call the police!

მე პოლიციას გამოვიძახებ!
me p'olitsias gamovidzakheb!

Sharing impressions. Emotions

I like it.	მე ეს მომწონს. me es momts'ons.
Very nice.	ძალიან სასიამოვნოა. dzalian sasiamovnoa.
That's great!	ეს ძალიან კარგია! es dzalian k'argia!
It's not bad.	ეს ცუდი არ არის. es tsudi ar aris.
I don't like it.	მე ეს არ მომწონს. me es ar momts'ons.
It's not good.	ეს კარგი არ არის. es k'argi ar aris.
It's bad.	ეს ცუდია. es tsudia.
It's very bad.	ეს ძალიან ცუდია. es dzalian tsudia.
It's disgusting.	ეს ამაზრზენია. es amazrzenia.
I'm happy.	მე ბედნიერი ვარ. me bednieri var.
I'm content.	მე კმაყოფილი ვარ. me k'maqopili var.
I'm in love.	მე შეყვარებული ვარ. me sheqvarebuli var.
I'm calm.	მე მშვიდად ვარ. me mshvidad var.
I'm bored.	მე მოწყენილი ვარ. me mots'qenili var.
I'm tired.	მე დავიღალე. me davighale.
I'm sad.	მე სევდიანი ვარ. me sevdiani var.
I'm frightened.	მე შეშინებული ვარ. me sheshinebuli var.
I'm angry.	მე ვბრაზობ. me vbrazob.
I'm worried.	მე ვღელავ. me vghelav.
I'm nervous.	მე ვნერვიულობ. me vnerviulob.

I'm jealous. (envious)

მე მშურს.
me mshurs.

I'm surprised.

მე გაკვირვებული ვარ.
me gak'virvebuli var.

I'm perplexed.

მე გაოგნებული ვარ.
me gaognebuli var.

Problems. Accidents

I've got a problem.	**მე პრობლემა მაქვს.** me p'roblema makvs.
We've got a problem.	**ჩვენ პრობლემა გვაქვს.** chven p'roblema gvakvs.
I'm lost.	**მე გზა ამებნა.** me gza amebna.
I missed the last bus (train).	**მე დამაგვიანდა ბოლო ავტობუსზე (მატარებელზე).** me damagvianda bolo avt'obusze (mat'arebelze).
I don't have any money left.	**მე სულ აღარ დამრჩა ფული.** me sul aghar damrcha puli.
I've lost my …	**მე დავკარგე …** me davk'arge …
Someone stole my …	**მე მომპარეს …** me momp'ares …
passport	**პასპორტი** p'asp'ort'i
wallet	**საფულე** sapule
papers	**საბუთები** sabutebi
ticket	**ბილეთი** bileti
money	**ფული** puli
handbag	**ჩანთა** chanta
camera	**ფოტოაპარატი** pot'oap'arat'i
laptop	**ნოუთბუქი** noutbuki
tablet computer	**პლანშეტი** p'lanshet'i
mobile phone	**ტელეფონი** t'eleponi
Help me!	**მიშველეთ!** mishvelet!
What's happened?	**რა მოხდა…?** ra mokhda…?

fire

ხანძარი
khandzari

shooting

სროლა
srola

murder

მკვლელობა
mk'vleloba

explosion

აფეთქება
apetkeba

fight

ჩხუბი
chkhubi

Call the police!

გამოიძახეთ პოლიცია!
gamoidzakhet p'olitsia!

Please hurry up!

თუ შეიძლება, ჩქარა!
tu sheidzleba, chkara!

I'm looking for the police station.

მე ვეძებ პოლიციის განყოფილებას.
me vedzeb p'olitsiis ganqopilebas.

I need to make a call.

მე უნდა დავრეკო.
me unda davrek'o.

May I use your phone?

შეიძლება დავრეკო?
sheidzleba davrek'o?

I've been …

მე …
me …

mugged

გამძარცვეს
gamdzartsves

robbed

გამქურდეს
gamkurdes

raped

გამაუპატიურეს
gamaup'at'iures

attacked (beaten up)

მცემეს
mtsemes

Are you all right?

თქვენ ყველაფერი რიგზე გაქვთ?
tkven qvelaperi rigze gakvt?

Did you see who it was?

თქვენ დაინახეთ, ვინ იყო?
tkven dainakhet, vin iqo?

Would you be able to recognize the person?

თქვენ შეგიძლიათ ის იცნოთ?
tkven shegidzliat is itsnot?

Are you sure?

თქვენ დარწმუნებული ხართ?
tkven darts'munebuli khart?

Please calm down.

დაწყნარდით, თუ შეიძლება.
dats'qnardit, tu sheidzleba.

Take it easy!

უფრო წყნარად!
upro ts'qnarad!

Don't worry!

ნუ ღელავთ.
nu ghelavt.

Everything will be fine.

ყველაფერი კარგად იქნება.
qvelaperi k'argad ikneba.

Everything's all right.

ყველაფერი რიგზეა.
qvelaperi rigzea.

Come here, please.

აქ მობრძანდით, თუ შეიძლება.
ak mobrdzandit, tu sheidzleba.

I have some questions for you.

მე რამდენიმე კითხვა მაქვს თქვენთან.
me ramdenime k'itkhva makvs tkventan.

Wait a moment, please.

დაელოდეთ, თუ შეიძლება.
daelodet, tu sheidzleba.

Do you have any I.D.?

თქვენ გაქვთ საბუთები?
tkven gakvt sabutebi?

Thanks. You can leave now.

გმადლობთ. შეგიძლიათ წაბრძანდეთ.
gmadlobt. shegidzliat ts'abrdzandet.

Hands behind your head!

ხელები თავს უკან!
khelebi tavs uk'an!

You're under arrest!

თქვენ დაპატიმრებული ხართ!
tkven dap'at'imrebuli khart!

Health problems

Please help me.	მიშველეთ, თუ შეიძლება.
	mishvelet, tu sheidzleba.
I don't feel well.	მე ცუდად ვარ.
	me tsudad var.
My husband doesn't feel well.	ჩემი ქმარი ცუდად არის.
	chemi kmari tsudad aris.
My son ...	ჩემი ვაჟი ...
	chemi vazhi ...
My father ...	ჩემი მამა ...
	chemi mama ...
My wife doesn't feel well.	ჩემი ცოლი ცუდად არის.
	chemi tsoli tsudad aris.
My daughter ...	ჩემი ქალიშვილი ...
	chemi kalishvili ...
My mother ...	ჩემი დედა ...
	chemi deda ...
I've got a ...	მე ... მტკივა
	me ... mt'k'iva
headache	თავი
	tavi
sore throat	ყელი
	qeli
stomach ache	მუცელი
	mutseli
toothache	კბილი
	k'bili
I feel dizzy.	მე თავბრუ მეხვევა.
	me tavbru mekhveva.
He has a fever.	მას სიცხე აქვს.
	mas sitskhe akvs.
She has a fever.	მას სიცხე აქვს.
	mas sitskhe akvs.
I can't breathe.	სუნთქვა არ შემიძლია.
	suntkva ar shemidzlia.
I'm short of breath.	სული მეხუთება.
	suli mekhuteba.
I am asthmatic.	მე ასთმა მაქვს.
	me astma makvs.
I am diabetic.	მე დიაბეტი მაქვს.
	me diabet'i makvs.

I can't sleep.	მე უძილობა მჭირს.
	me udziloba mch'irs.
food poisoning	კვებითი მოწამვლა მაქვს
	k'vebiti mots'amvla makvs

It hurts here.	აი აქ მტკივა.
	ai ak mt'k'iva.
Help me!	მიშველეთ!
	mishvelet!
I am here!	მე აქ ვარ!
	me ak var!
We are here!	ჩვენ აქ ვართ!
	chven ak vart!
Get me out of here!	ამომიყვანეთ აქედან!
	amomiqvanet akedan!
I need a doctor.	მე ექიმი მჭირდება.
	me ekimi mch'irdeba.
I can't move.	მოძრაობა არ შემიძლია.
	modzraoba ar shemidzlia.
I can't move my legs.	ფეხებს ვერ ვგრძნობ.
	pekhebs ver vgrdznob.

I have a wound.	მე დაჭრილი ვარ.
	me dach'rili var.
Is it serious?	ეს სერიოზულია?
	es seriozulia?
My documents are in my pocket.	ჩემი საბუთები ჯიბეშია.
	chemi sabutebi jibeshia.
Calm down!	დაწყნარდით!
	dats'qnardit!
May I use your phone?	შეიძლება დავრეკო?
	sheidzleba davrek'o?

Call an ambulance!	გამოიძახეთ სასწრაფო!
	gamoidzakhet sasts'rapo!
It's urgent!	ეს სასწრაფოა!
	es sasts'rapoa!
It's an emergency!	ეს ძალიან სასწრაფოა!
	es dzalian sasts'rapoa!
Please hurry up!	თუ შეიძლება, ჩქარა!
	tu sheidzleba, chkara!
Would you please call a doctor?	ექიმი გამოიძახეთ, თუ შეიძლება.
	ekimi gamoidzakhet, tu sheidzleba.
Where is the hospital?	მითხარით, სად არის საავადმყოფო?
	mitkharit, sad aris saavadmqopo?

How are you feeling?	როგორ გრძნობთ თავს?
	rogor grdznobt tavs?
Are you all right?	თქვენ ყველაფერი წესრიგში გაქვთ?
	tkven qvelaperi ts'esrigshi gakvt?
What's happened?	რა მოხდა?
	ra mokhda?

I feel better now.

მე უკვე უკეთ ვარ.
me uk've uk'et var.

It's OK.

ყველაფერი რიგზეა.
qvelaperi rigzea.

It's all right.

ყველაფერი კარგად არის.
qvelaperi k'argad aris.

At the pharmacy

pharmacy (drugstore)	**აფთიაქი** aptiaki
24-hour pharmacy	**სადღეღამისო აფთიაქი** sadgheghamiso aptiaki
Where is the closest pharmacy?	**სად არის უახლოესი აფთიაქი?** sad aris uakhloesi aptiaki?
Is it open now?	**ის ახლა ღიაა?** is akhla ghiaa?
At what time does it open?	**რომელ საათზე იხსნება?** romel saatze ikhsneba?
At what time does it close?	**რომელ საათამდე მუშაობს?** romel saatamde mushaobs?
Is it far?	**ეს შორს არის?** es shors aris?
Can I get there on foot?	**მე მივალ იქამდე ფეხით?** me mival ikamde pekhit?
Can you show me on the map?	**მაჩვენეთ რუკაზე, თუ შეიძლება.** machvenet ruk'aze, tu sheidzleba.
Please give me something for ...	**მომეცით რამე, ...-ის** mometsit rame, ...-is
a headache	**თავის ტკივილის** tavis t'k'ivilis
a cough	**ხველების** khvelebis
a cold	**გაცივების** gatsivebis
the flu	**გრიპის** grip'is
a fever	**სიცხის** sitskhis
a stomach ache	**კუჭის ტკივილის** k'uch'is t'k'ivilis
nausea	**გულისრევის** gulisrevis
diarrhea	**დიარეის** diareis
constipation	**კუჭში შეკრულობის** k'uch'shi shek'rulobis
pain in the back	**ზურგის ტკივილი** zurgis t'k'ivili

chest pain	მკერდის ტკივილი mk'erdis t'k'ivili
side stitch	ტკივილი გვერდში t'k'ivili gverdshi
abdominal pain	ტკივილი მუცელში t'k'ivili mutselshi

pill	ტაბლეტი t'ablet'i
ointment, cream	მალამო, კრემი malamo, k'remi
syrup	სიროფი siropi
spray	სპრეი sp'rei
drops	წვეთები ts'vetebi

You need to go to the hospital.	თქვენ საავადმყოფოში უნდა იყოთ. tkven saavadmqoposhi unda iqot.
health insurance	დაზღვევა dazghveva
prescription	რეცეპტი retsep't'i
insect repellant	მწერების საწინააღმდეგო საშუალება mts'erebis sats'inaaghmdego sashualeba
Band Aid	ლეიკოპლასტირი leik'op'last'iri

The bare minimum

Excuse me, ...	უკაცრავად, ... uk'atsravad, ...
Hello.	გამარჯობა. gamarjoba.
Thank you.	გმადლობთ. gmadlobt.
Good bye.	ნახვამდის. nakhvamdis.
Yes.	დიახ. diakh.
No.	არა. ara.
I don't know.	არ ვიცი. ar vitsi.
Where? | Where to? | When?	სად?| საით?| როდის? sad?| sait?| rodis?
I need ...	მე მჭირდება... me mch'irdeba...
I want ...	მე მინდა ... me minda ...
Do you have ...?	თქვენ გაქვთ ...? tkven gakvt ...?
Is there a ... here?	აქ არის ... ? ak aris ... ?
May I ...?	შემიძლია... ? shemidzlia... ?
..., please (polite request)	თუ შეიძლება tu sheidzleba
I'm looking for ...	მე ვეძებ ... me vedzeb ...
restroom	ტუალეტს t'ualet's
ATM	ბანკომატს bank'omat's
pharmacy (drugstore)	აფთიაქს aptiaks
hospital	საავადმყოფოს saavadmqopos
police station	პოლიციის განყოფილებას p'olitsiis ganqopilebas
subway	მეტროს met'ros

taxi	ტაქსს t'akss
train station	რკინიგზის სადგურს rk'inigzis sadgurs
My name is …	მე მქვია … me mkvia …
What's your name?	რა გქვიათ? ra gkviat?
Could you please help me?	დამეხმარეთ, თუ შეიძლება. damekhmaret, tu sheidzleba.
I've got a problem.	პრობლემა მაქვს. p'roblema makvs.
I don't feel well.	ცუდად ვარ. tsudad var.
Call an ambulance!	გამოიძახეთ სასწრაფო! gamoidzakhet sasts'rapo!
May I make a call?	შემიძლია დავრეკო? shemidzlia davrek'o?
I'm sorry.	ბოდიშს გიხდით bodishs gikhdit
You're welcome.	არაფერს arapers
I, me	მე me
you (inform.)	შენ shen
he	ის is
she	ის is
they (masc.)	ისინი isini
they (fem.)	ისინი isini
we	ჩვენ chven
you (pl)	თქვენ tkven
you (sg, form.)	თქვენ tkven
ENTRANCE	შესასვლელი shesasvleli
EXIT	გასასვლელი gasasvleli
OUT OF ORDER	არ მუშაობს ar mushaobs
CLOSED	დაკეტილია dak'et'ilia

OPEN

ღიაა
ghiaa

FOR WOMEN

ქალებისთვის
kalebistvis

FOR MEN

მამაკაცებისთვის
mamak'atsebistvis

CONCISE DICTIONARY

This section contains more than 1,500 useful words arranged alphabetically. The dictionary includes a lot of gastronomic terms and will be helpful when ordering food at a restaurant or buying groceries

T&P Books Publishing

DICTIONARY CONTENTS

T&P Books Publishing

T&P Books Publishing

1. Time. Calendar

time	დრო	dro
hour	საათი	saati
half an hour	ნახევარი საათი	nakhevari saati
minute	წუთი	ts'uti
second	წამი	ts'ami
today (adv)	დღეს	dghes
tomorrow (adv)	ხვალ	khval
yesterday (adv)	გუშინ	gushin
Monday	ორშაბათი	orshabati
Tuesday	სამშაბათი	samshabati
Wednesday	ოთხშაბათი	otkhshabati
Thursday	ხუთშაბათი	khutshabati
Friday	პარასკევი	p'arask'evi
Saturday	შაბათი	shabati
Sunday	კვირა	k'vira
day	დღე	dghe
working day	სამუშაო დღე	samushao dghe
public holiday	სადღესასწაულო დღე	sadghesasts'aulo dghe
weekend	დასვენების დღეები	dasvenebis dgheebi
week	კვირა	k'vira
last week (adv)	გასულ კვირას	gasul k'viras
next week (adv)	მომდევნო კვირას	momdevno k'viras
sunrise	მზის ამოსვლა	mzis amosvla
sunset	მზის ჩასვლა	mzis chasvla
in the morning	დილით	dilit
in the afternoon	სადილის შემდეგ	sadilis shemdeg
in the evening	საღამოს	saghamos
tonight (this evening)	დღეს საღამოს	dghes saghamos
at night	ღამით	ghamit
midnight	შუაღამე	shuaghame
January	იანვარი	ianvari
February	თებერვალი	tebervali
March	მარტი	mart'i
April	აპრილი	ap'rili
May	მაისი	maisi
June	ივნისი	ivnisi

July	ივლისი	ivlisi
August	აგვისტო	agvist'o
September	სექტემბერი	sekt'emberi
October	ოქტომბერი	okt'omberi
November	ნოემბერი	noemberi
December	დეკემბერი	dek'emberi

in spring	გაზაფხულზე	gazapkhulze
in summer	ზაფხულში	zapkhulshi
in fall	შემოდგომაზე	shemodgomaze
in winter	ზამთარში	zamtarshi

month	თვე	tve
season (summer, etc.)	სეზონი	sezoni
year	წელი	ts'eli
century	საუკუნე	sauk'une

2. Numbers. Numerals

digit, figure	ციფრი	tsipri
number	რიცხვი	ritskhvi
minus sign	მინუსი	minusi
plus sign	პლიუსი	p'liusi
sum, total	ჯამი	jami

first (adj)	პირველი	p'irveli
second (adj)	მეორე	meore
third (adj)	მესამე	mesame

0 zero	ნული	nuli
1 one	ერთი	erti
2 two	ორი	ori
3 three	სამი	sami
4 four	ოთხი	otkhi

5 five	ხუთი	khutl
6 six	ექვსი	ekvsi
7 seven	შვიდი	shvidi
8 eight	რვა	rva
9 nine	ცხრა	tskhra
10 ten	ათი	ati

11 eleven	თერთმეტი	tertmet'i
12 twelve	თორმეტი	tormet'i
13 thirteen	ცამეტი	tsamet'i
14 fourteen	თოთხმეტი	totkhmet'i
15 fifteen	თხუთმეტი	tkhutmet'i

| 16 sixteen | თექვსმეტი | tekvsmet'i |
| 17 seventeen | ჩვიდმეტი | chvidmet'i |

| 18 eighteen | თვრამეტი | tvramet'i |
| 19 nineteen | ცხრამეტი | tskhramet'i |

20 twenty	ოცი	otsi
30 thirty	ოცდაათი	otsdaati
40 forty	ორმოცი	ormotsi
50 fifty	ორმოცდაათი	ormotsdaati

60 sixty	სამოცი	samotsi
70 seventy	სამოცდაათი	samotsdaati
80 eighty	ოთხმოცი	otkhmotsi
90 ninety	ოთხმოცდაათი	otkhmotsdaati

100 one hundred	ასი	asi
200 two hundred	ორასი	orasi
300 three hundred	სამასი	samasi
400 four hundred	ოთხასი	otkhasi
500 five hundred	ხუთასი	khutasi

600 six hundred	ექვსასი	ekvsasi
700 seven hundred	შვიდასი	shvidasi
800 eight hundred	რვაასი	rvaasi
900 nine hundred	ცხრაასი	tskhraasi
1000 one thousand	ათასი	atasi

| 10000 ten thousand | ათი ათასი | ati atasi |
| one hundred thousand | ასი ათასი | asi atasi |

| million | მილიონი | milioni |
| billion | მილიარდი | miliardi |

3. Humans. Family

man (adult male)	კაცი	k'atsi
young man	ყმაწვილი	qmats'vili
teenager	მოზარდი	mozardi
woman	ქალი	kali
girl (young woman)	ქალიშვილი	kalishvili

age	ასაკი	asak'i
adult (adj)	მოზრდილი	mozrdili
middle-aged (adj)	საშუალო ასაკისა	sashualo asak'isa
elderly (adj)	ხანში შესული	khanshi shesuli
old (adj)	ბებერი	beberi

old man	მოხუცი	mokhutsi
old woman	დედაბერი	dedaberi
to retire (from job)	პენსიაზე გასვლა	p'ensiaze gasvla
retiree	პენსიონერი	p'ensioneri
mother	დედა	deda

father	მამა	mama
son	ვაჟიშვილი	vazhishvili
daughter	ქალიშვილი	kalishvili
brother	ძმა	dzma
sister	და	da

parents	მშობლები	mshoblebi
child	შვილი	shvili
children	შვილები	shvilebi
stepmother	დედინაცვალი	dedinatsvali
stepfather	მამინაცვალი	maminatsvali

grandmother	ბებია	bebia
grandfather	პაპა	p'ap'a
grandson	შვილიშვილი	shvilishvili
granddaughter	შვილიშვილი	shvilishvili
grandchildren	შვილიშვილები	shvilishvilebi

uncle	ბიძა	bidza
wife	ცოლი	tsoli
husband	ქმარი	kmari
married (masc.)	ცოლიანი	tsoliani
married (fem.)	გათხოვილი	gatkhovili
widow	ქვრივი	kvrivi
widower	ქვრივი	kvrivi

| name (first name) | სახელი | sakheli |
| surname (last name) | გვარი | gvari |

relative	ნათესავი	natesavi
friend (masc.)	მეგობარი	megobari
friendship	მეგობრობა	megobroba

partner	პარტნიორი	p'art'niori
superior (n)	უფროსი	uprosi
colleague	კოლეგა	k'olega
neighbors	მეზობლები	mezoblebi

4. Human body

organism (body)	ორგანიზმი	organizmi
body	ტანი	t'ani
heart	გული	guli
blood	სისხლი	siskhli
brain	ტვინი	t'vini
nerve	ნერვი	nervi

bone	ძვალი	dzvali
skeleton	ჩონჩხი	chonchkhi
spine (backbone)	ხერხემალი	kherkhemali

rib	ნეკნი	nek'ni
skull	თავის ქალა	tavis kala
muscle	კუნთი	k'unti
lungs	ფილტვები	pilt'vebi
skin	კანი	k'ani
head	თავი	tavi
face	სახე	sakhe
nose	ცხვირი	tskhviri
forehead	შუბლი	shubli
cheek	ლოყა	loqa
mouth	პირი	p'iri
tongue	ენა	ena
tooth	კბილი	k'bili
lips	ტუჩები	t'uchebi
chin	ნიკაპი	nik'ap'i
ear	ყური	quri
neck	კისერი	k'iseri
throat	ყელი	qeli
eye	თვალი	tvali
pupil	გუგა	guga
eyebrow	წარბი	ts'arbi
eyelash	წამწამი	ts'amts'ami
hair	თმები	tmebi
hairstyle	ვარცხნილობა	vartskhniloba
mustache	ულვაშები	ulvashebi
beard	წვერი	ts'veri
to have (a beard, etc.)	ტარება	t'areba
bald (adj)	მელოტი	melot'i
hand	მტევანი	mt'evani
arm	მკლავი	mk'lavi
finger	თითი	titi
nail	ფრჩხილი	prchkhili
palm	ხელისგული	khelisguli
shoulder	მხარი	mkhari
leg	ფეხი	pekhi
foot	ტერფი	t'erpi
knee	მუხლი	mukhli
heel	ქუსლი	kusli
back	ზურგი	zurgi
waist	წელი	ts'eli
beauty mark	ხალი	khali

5. Medicine. Diseases. Drugs

health	ჯანმრთელობა	janmrteloba
well (not sick)	ჯანმრთელი	janmrteli
sickness	ავადმყოფობა	avadmqopoba
to be sick	ავადმყოფობა	avadmqopoba
ill, sick (adj)	ავადმყოფი	avadmqopi

cold (illness)	გაციება	gatsiveba
to catch a cold	გაციება	gatsiveba
tonsillitis	ანგინა	angina
pneumonia	ფილტვების ანთება	pilt'vebis anteba
flu, influenza	გრიპი	grip'i

runny nose (coryza)	სურდო	surdo
cough	ხველა	khvela
to cough (vi)	ხველება	khveleba
to sneeze (vi)	ცხვირის ცემინება	tskhviris tsemineba

stroke	ინსულტი	insult'i
heart attack	ინფარქტი	inparkt'i
allergy	ალერგია	alergia
asthma	ასთმა	astma
diabetes	დიაბეტი	diabet'i

tumor	სიმსივნე	simsivne
cancer	კიბო	k'ibo
alcoholism	ალკოჰოლიზმი	alk'oholizmi
AIDS	შიდსი	shidsi
fever	ციება	tsieba
seasickness	ზღვის ავადმყოფობა	zghvis avadmqopoba

bruise (hématome)	ლები	lebi
bump (lump)	კოპი	k'op'i
to limp (vi)	კოჭლობა	k'och'loba
dislocation	ღრძობა	ghrdzoba
to dislocate (vt)	ღრძობა	ghrdzoba

fracture	მოტეხილობა	mot'ekhiloba
burn (injury)	დამწვრობა	damts'vroba
injury	დაზიანება	dazianeba
pain, ache	ტკივილი	t'k'ivili
toothache	კბილის ტკივილი	k'bilis t'k'ivili

to sweat (perspire)	გაოფლიანება	gaoplianeba
deaf (adj)	ყრუ	qru
mute (adj)	მუნჯი	munji

immunity	იმუნიტეტი	imunit'et'i
virus	ვირუსი	virusi
microbe	მიკრობი	mik'robi

bacterium	ბაქტერია	bakt'eria
infection	ინფექცია	inpektsia
hospital	საავადმყოფო	saavadmqopo
cure	მკურნალობა	mk'urnaloba
to vaccinate (vt)	აცრის გაკეთება	atsris gak'eteba
to be in a coma	კომაში ყოფნა	k'omashi qopna
intensive care	რეანიმაცია	reanimatsia
symptom	სიმპტომი	simp't'omi
pulse	პულსი	p'ulsi

6. Feelings. Emotions. Conversation

I, me	მე	me
you	შენ	shen
he, she, it	ის	is
we	ჩვენ	chven
you (to a group)	თქვენ	tkven
they	ისინი	isini
Hello! (fam.)	გამარჯობა!	gamarjoba!
Hello! (form.)	გამარჯობათ!	gamarjobat!
Good morning!	დილა მშვიდობისა!	dila mshvidobisa!
Good afternoon!	დღე მშვიდობისა!	dghe mshvidobisa!
Good evening!	საღამო მშვიდობისა!	saghamo mshvidobisa!
to say hello	მისალმება	misalmeba
to greet (vt)	მისალმება	misalmeba
How are you?	როგორ ხარ?	rogor khar?
Bye-Bye! Goodbye!	ნახვამდის!	nakhvamdis!
Thank you!	გმადლობთ!	gmadlobt!
feelings	გრძნობები	grdznobebi
tired (adj)	დაღლილი	daghlili
to be worried	წუხილი	ts'ukhili
to be nervous	ნერვიულობა	nerviuloba
hope	იმედი	imedi
to hope (vi, vt)	იმედოვნება	imedovneba
character	ხასიათი	khasiati
modest (adj)	თავმდაბალი	tavmdabali
lazy (adj)	ზარმაცი	zarmatsi
generous (adj)	გულუხვი	gulukhvi
talented (adj)	ნიჭიერი	nich'ieri
honest (adj)	პატიოსანი	p'at'iosani
serious (adj)	სერიოზული	seriozuli
shy, timid (adj)	გაუბედავი	gaubedavi
sincere (adj)	გულწრფელი	gults'rpeli

coward	მშიშარა	mshishara
to sleep (vi)	დაძინება	dadzineba
dream	სიზმარი	sizmari
bed	საწოლი	sats'oli
pillow	ბალიში	balishi

insomnia	უძილობა	udziloba
to go to bed	დასაძინებლად წასვლა	dasadzineblad ts'asvla
nightmare	კოშმარი	k'oshmari
alarm clock	მაღვიძარა	maghvidzara

smile	ღიმილი	ghimili
to smile (vi)	გაღიმება	gaghimeba
to laugh (vi)	სიცილი	sitsili

quarrel	ჩხუბი	chkhubi
insult	შეურაცხყოფა	sheuratskhqopa
resentment	წყენა	ts'qena
angry (mad)	გაბრაზებული	gabrazebuli

7. Clothing. Personal accessories

clothes	ტანსაცმელი	t'ansatsmeli
coat (overcoat)	პალტო	p'alt'o
fur coat	ქურქი	kurki
jacket (e.g., leather ~)	ქურთუკი	kurtuk'i
raincoat (trenchcoat, etc.)	ლაბადა	labada

shirt (button shirt)	პერანგი	p'erangi
pants	შარვალი	sharvali
suit jacket	პიჯაკი	p'ijak'i
suit	კოსტიუმი	k'ost'iumi

dress (frock)	კაბა	k'aba
skirt	ბოლოკაბა	bolok'aba
T-shirt	მაისური	maisuri
bathrobe	ხალათი	khalati
pajamas	პიჟამო	p'izhamo
workwear	სამუშაო ტანსაცმელი	samushao t'ansatsmeli

underwear	საცვალი	satsvali
socks	წინდები	ts'indebi
bra	ბიუსტჰალტერი	biust'halt'eri
pantyhose	კოლგოტი	k'olgot'i
stockings (thigh highs)	ყელიანი წინდები	qeliani ts'indebi
bathing suit	საბანაო კოსტიუმი	sabanao k'ost'iumi

hat	ქუდი	kudi
footwear	ფეხსაცმელი	pekhsatsmeli
boots (e.g., cowboy ~)	ჩექმები	chekmebi

heel	ქუსლი	kusli
shoestring	ზონარი	zonari
shoe polish	ფეხსაცმლის კრემი	pekhsatsmlis k'remi

cotton (n)	ბამბა	bamba
wool (n)	შალი	shali
fur (n)	ბეწვი	bets'vi

gloves	ხელთათმანები	kheltatmanebi
mittens	ხელთათმანი	kheltatmani
scarf (muffler)	კაშნი	k'ashni
glasses (eyeglasses)	სათვალე	satvale
umbrella	ქოლგა	kolga

tie (necktie)	ჰალსტუხი	halst'ukhi
handkerchief	ცხვირსახოცი	tskhvirsakhotsi
comb	სავარცხელი	savartskheli
hairbrush	თმის ჯაგრისი	tmis jagrisi

buckle	ბალთა	balta
belt	ქამარი	kamari
purse	ჩანთა	chanta

collar	საყელო	saqelo
pocket	ჯიბე	jibe
sleeve	სახელო	sakhelo
fly (on trousers)	ბარტყი	bart'qi

zipper (fastener)	ელვა-შესაკრავი	elva-shesak'ravi
button	ღილი	ghili
to get dirty (vi)	გასვრა	gasvra
stain (mark, spot)	ლაქა	laka

8. City. Urban institutions

store	მაღაზია	maghazia
shopping mall	სავაჭრო ცენტრი	savach'ro tsent'ri
supermarket	სუპერმარკეტი	sup'ermark'et'i
shoe store	ფეხსაცმლის მაღაზია	pekhsatsmlis maghazia
bookstore	წიგნების მაღაზია	ts'ignebis maghazia

drugstore, pharmacy	აფთიაქი	aptiaki
bakery	საფუნთუშე	sapuntushe
pastry shop	საკონდიტრო	sak'ondit'ro
grocery store	საბაყლო	sabaqlo
butcher shop	საყასბე	saqasbe
produce store	ბოსტნეულის დუქანი	bost'neulis dukani
market	ბაზარი	bazari
hair salon	საპარიკმახერო	sap'arik'makhero
post office	ფოსტა	post'a

dry cleaners	ქიმწმენდა	kimts'menda
circus	ცირკი	tsirk'i
zoo	ზოოპარკი	zoop'ark'i
theater	თეატრი	teat'ri
movie theater	კინოთეატრი	k'inoteat'ri
museum	მუზეუმი	muzeumi
library	ბიბლიოთეკა	bibliotek'a
mosque	მეჩეთი	mecheti
synagogue	სინაგოგა	sinagoga
cathedral	ტაძარი	t'adzari
temple	ტაძარი	t'adzari
church	ეკლესია	ek'lesia
college	ინსტიტუტი	inst'it'ut'i
university	უნივერსიტეტი	universit'et'i
school	სკოლა	sk'ola
hotel	სასტუმრო	sast'umro
bank	ბანკი	bank'i
embassy	საელჩო	saelcho
travel agency	ტურისტული სააგენტო	t'urist'uli saagent'o
subway	მეტრო	met'ro
hospital	საავადმყოფო	saavadmqopo
gas station	ბენზინგასამართი სადგური	benzingasamarti sadguri
parking lot	ავტოსადგომი	avt'osadgomi
ENTRANCE	შესასვლელი	shesasvleli
EXIT	გასასვლელი	gasasvleli
PUSH	თქვენგან	tkvengan
PULL	თქვენსკენ	tkvensk'en
OPEN	ღიაა	ghiaa
CLOSED	დაკეტილია	dak'et'ilia
monument	ძეგლი	dzegli
fortress	ციხე-სიმაგრე	tsikhe-simagre
palace	სასახლე	sasakhle
medieval (adj)	შუა საუკუნეებისა	shua sauk'uneebisa
ancient (adj)	ძველებური	dzveleburi
national (adj)	ეროვნული	erovnuli
famous (monument, etc.)	ცნობილი	tsnobili

9. Money. Finances

money	ფული	puli
coin	მონეტა	monet'a

dollar	დოლარი	dolari
euro	ევრო	evro
ATM	ბანკომატი	bank'omat'i
currency exchange	გაცვლითი პუნქტი	gatsvliti p'unkt'i
exchange rate	კურსი	k'ursi
cash	ნაღდი ფული	naghdi puli
How much?	რამდენი?	ramdeni?
to pay (vi, vt)	გადახდა	gadakhda
payment	საზღაური	sazghauri
change (give the ~)	ხურდა	khurda
price	ფასი	pasi
discount	ფასდაკლება	pasdak'leba
cheap (adj)	იაფი	iapi
expensive (adj)	ძვირი	dzviri
bank	ბანკი	bank'i
account	ანგარიში	angarishi
credit card	საკრედიტო ბარათი	sak'redit'o barati
check	ჩეკი	chek'i
to write a check	ჩეკის გამოწერა	chek'is gamots'era
checkbook	ჩეკების წიგნაკი	chek'ebis ts'ignak'i
debt	ვალი	vali
debtor	მოვალე	movale
to lend (money)	ნისიად მიცემა	nisiad mitsema
to borrow (vi, vt)	ნისიად აღება	nisiad agheba
to rent (~ a tuxedo)	ქირით აღება	kirit agheba
on credit (adv)	სესხად	seskhad
wallet	საფულე	sapule
safe	სეიფი	seipi
inheritance	მემკვიდრეობა	memk'vidreoba
fortune (wealth)	ქონება	koneba
tax	გადასახადი	gadasakhadi
fine	ჯარიმა	jarima
to fine (vt)	დაჯარიმება	dajarimeba
wholesale (adj)	საბითუმო	sabitumo
retail (adj)	საცალო	satsalo
to insure (vt)	დაზღვევა	dazghveva
insurance	დაზღვევა	dazghveva
capital	კაპიტალი	k'ap'it'ali
turnover	ბრუნვა	brunva
stock (share)	აქცია	aktsia
profit	მოგება	mogeba
profitable (adj)	მომგებიანი	momgebiani
crisis	კრიზისი	k'rizisi

| bankruptcy | გაკოტრება | gak'ot'reba |
| to go bankrupt | გაკოტრება | gak'ot'reba |

accountant	ბუღალტერი	bughalt'eri
salary	ხელფასი	khelpasi
bonus (money)	პრემია	p'remia

10. Transportation

bus	ავტობუსი	avt'obusi
streetcar	ტრამვაი	t'ramvai
trolley bus	ტროლეიბუსი	t'roleibusi

to go by ...	მგზავრობა	mgzavroba
to get on (~ the bus)	ჩაჯდომა	chajdoma
to get off ...	ჩამოსვლა	chamosvla

stop (e.g., bus ~)	გაჩერება	gachereba
terminus	ბოლო გაჩერება	bolo gachereba
schedule	განრიგი	ganrigi
ticket	ბილეთი	bileti
to be late (for ...)	დაგვიანება	dagvianeba

taxi, cab	ტაქსი	t'aksi
by taxi	ტაქსით	t'aksit
taxi stand	ტაქსის სადგომი	t'aksis sadgomi

traffic	ქუჩაში მოძრაობა	kuchashi modzraoba
rush hour	პიკის საათები	p'ik'is saatebi
to park (vi)	პარკირება	p'ark'ireba

subway	მეტრო	met'ro
station	სადგური	sadguri
train	მატარებელი	mat'arebeli
train station	ვაგზალი	vagzali
rails	რელსი	relsi
compartment	კუპე	k'up'e
berth	თარო	taro

airplane	თვითმფრინავი	tvitmprinavi
air ticket	ავიაბილეთი	aviabileti
airline	ავიაკომპანია	aviak'omp'ania
airport	აეროპორტი	aerop'ort'i

flight (act of flying)	ფრენა	prena
luggage	ბარგი	bargi
luggage cart	ურიკა	urik'a

| ship | გემი | gemi |
| cruise ship | ლაინერი | laineri |

| yacht | იახტა | iakht'a |
| boat (flat-bottomed ~) | ნავი | navi |

captain	კაპიტანი	k'ap'it'ani
cabin	კაიუტა	k'aiut'a
port (harbor)	ნავსადგური	navsadguri

bicycle	ველოსიპედი	velosip'edi
scooter	მოტოროლერი	mot'oroleri
motorcycle, bike	მოტოციკლი	mot'otsik'li
pedal	პედალი	p'edali
pump	ტუმბო	t'umbo
wheel	ბორბალი	borbali

automobile, car	ავტომობილი	avt'omobili
ambulance	სასწრაფო დახმარება	sasts'rapo dakhmareba
truck	სატვირთო მანქანა	sat'virto mankana
used (adj)	ნახმარი	nakhmari
car crash	ავარია	avaria
repair	რემონტი	remont'i

11. Food. Part 1

meat	ხორცი	khortsi
chicken	ქათამი	katami
duck	იხვი	ikhvi

pork	ღორის ხორცი	ghoris khortsi
veal	ხბოს ხორცი	khbos khortsi
lamb	ცხვრის ხორცი	tskhvris khortsi
beef	საქონლის ხორცი	sakonlis khortsi

sausage (bologna, pepperoni, etc.)	ძეხვი	dzekhvi
egg	კვერცხი	k'vertskhi
fish	თევზი	tevzi
cheese	ყველი	qveli
sugar	შაქარი	shakari
salt	მარილი	marili

rice	ბრინჯი	brinji
pasta (macaroni)	მაკარონი	mak'aroni
butter	კარაქი	k'araki
vegetable oil	მცენარეული ზეთი	mtsenarueli zeti
bread	პური	p'uri
chocolate (n)	შოკოლადი	shok'oladi

wine	ღვინო	ghvino
coffee	ყავა	qava
milk	რძე	rdze

juice	წვენი	ts'veni
beer	ლუდი	ludi
tea	ჩაი	chai

tomato	პომიდორი	p'omidori
cucumber	კიტრი	k'it'ri
carrot	სტაფილო	st'apilo
potato	კარტოფილი	k'art'opili
onion	ხახვი	khakhvi
garlic	ნიორი	niori

cabbage	კომბოსტო	k'ombost'o
beetroot	ჭარხალი	ch'arkhali
eggplant	ბადრიჯანი	badrijani
dill	კამა	k'ama
lettuce	სალათი	salati
corn (maize)	სიმინდი	simindi

fruit	ხილი	khili
apple	ვაშლი	vashli
pear	მსხალი	mskhali
lemon	ლიმონი	limoni
orange	ფორთოხალი	portokhali
strawberry (garden ~)	მარწყვი	marts'qvi

plum	ქლიავი	kliavi
raspberry	ჟოლო	zholo
pineapple	ანანასი	ananasi
banana	ბანანი	banani
watermelon	საზამთრო	sazamtro
grape	ყურძენი	qurdzeni
melon	ნესვი	nesvi

12. Food. Part 2

cuisine	სამზარეულო	samzareulo
recipe	რეცეპტი	retsep't'i
food	საჭმელი	sach'meli

to have breakfast	საუზმობა	sauzmoba
to have lunch	სადილობა	sadiloba
to have dinner	ვახშმობა	vakhshmoba

taste, flavor	გემო	gemo
tasty (adj)	გემრიელი	gemrieli
cold (adj)	ცივი	tsivi
hot (adj)	ცხელი	tskheli
sweet (sugary)	ტკბილი	t'k'bili
salty (adj)	მლაშე	mlashe
sandwich (bread)	ბუტერბროდი	but'erbrodi

side dish	გარნირი	garniri
filling (for cake, pie)	შიგთავსი	shigtavsi
sauce	სოუსი	sousi
piece (of cake, pie)	ნაჭერი	nach'eri

diet	დიეტა	diet'a
vitamin	ვიტამინი	vit'amini
calorie	კალორია	k'aloria
vegetarian (n)	ვეგეტარიანელი	veget'arianeli

restaurant	რესტორანი	rest'orani
coffee house	ყავახანა	qavakhana
appetite	მადა	mada
Enjoy your meal!	გაამოთ!	gaamot!

waiter	ოფიციანტი	opitsiant'i
waitress	ოფიციანტი	opitsiant'i
bartender	ბარმენი	barmeni
menu	მენიუ	meniu

spoon	კოვზი	k'ovzi
knife	დანა	dana
fork	ჩანგალი	changali
cup (e.g., coffee ~)	ფინჯანი	pinjani

plate (dinner ~)	თეფში	tepshi
saucer	ლამბაქი	lambaki
napkin (on table)	ხელსახოცი	khelsakhotsi
toothpick	კბილსაჩიჩქნი	k'bilsachichkni

to order (meal)	შეკვეთა	shek'veta
course, dish	კერძი	k'erdzi
portion	ულუფა	ulupa
appetizer	საუზმეული	sauzmeuli
salad	სალათი	salati
soup	წვნიანი	ts'vniani

dessert	დესერტი	desert'i
jam (whole fruit jam)	მურაბა	muraba
ice-cream	ნაყინი	naqini

check	ანგარიში	angarishi
to pay the check	ანგარიშის გადახდა	angarishis gadakhda
tip	გასამრჯელო	gasamrjelo

13. House. Apartment. Part 1

house	სახლი	sakhli
country house	ქალაქგარეთა სახლი	kalakgareta sakhli
villa (seaside ~)	ვილა	vila

floor, story	სართული	sartuli
entrance	სადარბაზო	sadarbazo
wall	კედელი	k'edeli
roof	სახურავი	sakhuravi
chimney	მილი	mili
attic (storage place)	სხვენი	skhveni
window	ფანჯარა	panjara
window ledge	ფანჯრის რაფა	panjris rapa
balcony	აივანი	aivani
stairs (stairway)	კიბე	k'ibe
mailbox	საფოსტო ყუთი	sapost'o quti
garbage can	სანაგვე ბაკი	sanagve bak'i
elevator	ლიფტი	lipt'i
electricity	ელექტრობა	elekt'roba
light bulb	ნათურა	natura
switch	ამომრთველი	amomrtveli
wall socket	როზეტი	rozet'i
fuse	დამცველი	damtsveli
door	კარი	k'ari
handle, doorknob	სახელური	sakheluri
key	გასაღები	gasaghebi
doormat	პატარა ნოხი	p'at'ara nokhi
door lock	საკეტი	sak'et'i
doorbell	ზარი	zari
knock (at the door)	კაკუნი	k'ak'uni
to knock (vi)	კაკუნი	k'ak'uni
peephole	სათვალთვალო	satvaltvalo
yard	ეზო	ezo
garden	ბაღი	baghi
swimming pool	აუზი	auzi
gym (home gym)	სპორტული დარბაზი	sp'ort'uli darbazi
tennis court	ჩოგბურთის კორტი	chogburtis k'ort'i
garage	ავტოფარეხი	avt'oparekhi
private property	კერძო საკუთრება	k'erdzo sak'utreba
warning sign	გამაფრთხილებელი წარწერა	gamaprtkhilebeli ts'arts'era
security	დაცვა	datsva
security guard	მცველი	mtsveli
renovations	რემონტი	remont'i
to renovate (vt)	რემონტის კეთება	remont'is k'eteba
to put in order	წესრიგში მოყვანა	ts'esrigshi moqvana
to paint (~ a wall)	ღებვა	ghebva
wallpaper	შპალერი	shp'aleri
to varnish (vt)	გალაქვა	galakva

pipe	მილი	mili
tools	ხელსაწყოები	khelsats'qoebi
basement	სარდაფი	sardapi
sewerage (system)	კანალიზაცია	k'analizatsia

14. House. Apartment. Part 2

apartment	ბინა	bina
room	ოთახი	otakhi
bedroom	საწოლი ოთახი	sats'oli otakhi
dining room	სასადილო ოთახი	sasadilo otakhi
living room	სასტუმრო ოთახი	sast'umro otakhi
study (home office)	კაბინეტი	k'abinet'i
entry room	წინა ოთახი	ts'ina otakhi
bathroom (room with a bath or shower)	სააბაზანო ოთახი	saabazano otakhi
half bath	საპირფარეშო	sap'irparesho
floor	იატაკი	iat'ak'i
ceiling	ჭერი	ch'eri
to dust (vt)	მტვრის მოწმენდა	mt'vris mots'menda
vacuum cleaner	მტვერსასრუტი	mt'versasrut'i
to vacuum (vt)	მტვერსასრუტით მოწმენდა	mt'versasrut'it mots'menda
mop	შვაბრა	shvabra
dust cloth	ჩვარი	chvari
short broom	ცოცხი	tsotskhi
dustpan	აქანდაზი	akandazi
furniture	ავეჯი	aveji
table	მაგიდა	magida
chair	სკამი	sk'ami
armchair	სავარძელი	savardzeli
bookcase	კარადა	k'arada
shelf	თარო	taro
wardrobe	კარადა	k'arada
mirror	სარკე	sark'e
carpet	ხალიჩა	khalicha
fireplace	ბუხარი	bukhari
drapes	ფარდები	pardebi
table lamp	მაგიდის ლამპა	magidis lamp'a
chandelier	ჭაღი	ch'aghi
kitchen	სამზარეულო	samzareulo
gas stove (range)	გაზქურა	gazkura

| electric stove | ელექტროქურა | elekt'rokura |
| microwave oven | მიკროტალღოვანი ღუმელი | mik'rot'alghovani ghumeli |

refrigerator	მაცივარი	matsivari
freezer	საყინულე	saqinule
dishwasher	ჭურჭლის სარეცხი მანქანა	ch'urch'lis saretskhi mankana
faucet	ონკანი	onk'ani

meat grinder	ხორცსაკეპი	khortssak'ep'i
juicer	წვენსაწური	ts'vensats'uri
toaster	ტოსტერი	t'ost'eri
mixer	მიქსერი	mikseri

coffee machine	ყავის სახარში	qavis sakharshi
kettle	ჩაიდანი	chaidani
teapot	ჩაიდანი	chaidani

TV set	ტელევიზორი	t'elevizori
VCR (video recorder)	ვიდეომაგნიტოფონი	videomagnit'oponi
iron (e.g., steam ~)	უთო	uto
telephone	ტელეფონი	t'eleponi

15. Professions. Social status

director	დირექტორი	direkt'ori
superior	უფროსი	uprosi
president	პრეზიდენტი	p'rezident'i
assistant	თანაშემწე	tanashemts'e
secretary	მდივანი	mdivani

owner, proprietor	მფლობელი	mplobeli
partner	პარტნიორი	p'art'niori
stockholder	აქციონერი	aktsioneri

businessman	ბიზნესმენი	biznesmeni
millionaire	მილიონერი	milioneri
billionaire	მილიარდერი	miliarderi

actor	მსახიობი	msakhiobi
architect	არქიტექტორი	arkit'ekt'ori
banker	ბანკირი	bank'iri
broker	ბროკერი	brok'eri

veterinarian	ვეტერინარი	vet'erinari
doctor	ექიმი	ekimi
chambermaid	მოახლე	moakhle
designer	დიზაინერი	dizaineri
correspondent	კორესპონდენტი	k'oresp'ondent'i

delivery man	კურიერი	k'urieri
electrician	ელექტრიკოსი	elekt'rik'osi
musician	მუსიკოსი	musik'osi
babysitter	ძიძა	dzidza
hairdresser	პარიკმახერი	p'arik'makheri
herder, shepherd	მწყემსი	mts'qemsi

singer (masc.)	მომღერალი	momgherali
translator	მთარგმნელი	mtargmneli
writer	მწერალი	mts'erali
carpenter	ხურო	khuro
cook	მზარეული	mzareuli

fireman	მეხანძრე	mekhandzre
police officer	პოლიციელი	p'olitsieli
mailman	ფოსტალიონი	post'alioni
programmer	პროგრამისტი	p'rogramist'i
salesman (store staff)	გამყიდველი	gamqidveli

worker	მუშა	musha
gardener	მებაღე	mebaghe
plumber	სანტექნიკოსი	sant'eknik'osi
dentist	სტომატოლოგი	st'omat'ologi
flight attendant (fem.)	სტიუარდესა	st'iuardesa

dancer (masc.)	მოცეკვავე	motsek'vave
bodyguard	მცველი	mtsveli
scientist	მეცნიერი	metsnieri
schoolteacher	მასწავლებელი	masts'avlebeli

farmer	ფერმერი	permeri
surgeon	ქირურგი	kirurgi
miner	მეშახტე	meshakht'e
chef (kitchen chef)	შეფ-მზარეული	shep-mzareuli
driver	მძღოლი	mdzgholi

16. Sport

kind of sports	სპორტის სახეობა	sp'ort'is sakheoba
soccer	ფეხბურთი	pekhburti
hockey	ჰოკეი	hok'ei
basketball	კალათბურთი	k'alatburti
baseball	ბეისბოლი	beisboli

volleyball	ფრენბურთი	prenburti
boxing	კრივი	k'rivi
wrestling	ჭიდაობა	ch'idaoba
tennis	ჩოგბურთი	chogburti
swimming	ცურვა	tsurva
chess	ჭადრაკი	ch'adrak'i

running	რბენა	rbena
athletics	მძლეოსნობა	mdzleosnoba
figure skating	ფიგურული სრიალი	piguruli sriali
cycling	ველოსპორტი	velosp'ort'i

billiards	ბილიარდი	biliardi
bodybuilding	ბოდიბილდინგი	bodibildingi
golf	გოლფი	golpi
scuba diving	დაივინგი	daivingi
sailing	საიალქნო სპორტი	saialkno sp'ort'i
archery	მშვილდის სროლა	mshvildis srola

period, half	ტაიმი	t'aimi
half-time	შესვენება	shesveneba
tie	ფრე	pre
to tie (vi)	თამაშის ფრედ დამთავრება	tamashis pred damtavreba

treadmill	სარბენი ბილიკი	sarbeni bilik'i
player	მოთამაშე	motamashe

substitute	სათადარიგო მოთამაშე	satadarigo motamashe
substitutes bench	სათადარიგოთა სკამი	satadarigota sk'ami

match	მატჩი	mat'chi
goal	კარი	k'ari

goalkeeper	მეკარე	mek'are
goal (score)	გოლი	goli

Olympic Games	ოლიმპიური თამაშები	olimp'iuri tamashebi
to set a record	რეკორდის დამყარება	rek'ordis damqareba
final	ფინალი	pinali

champion	ჩემპიონი	chemp'ioni
championship	ჩემპიონატი	chemp'ionat'i

winner	გამარჯვებული	gamarjvebuli
victory	გამარჯვება	gamarjveba
to win (vi)	მოგება	mogeba

to lose (not win)	წაგება	ts'ageba
medal	მედალი	medali

first place	პირველი ადგილი	p'irveli adgili
second place	მეორე ადგილი	meore adgili
third place	მესამე ადგილი	mesame adgili

stadium	სტადიონი	st'adioni
fan, supporter	გულშემატკივარი	gulshemat'k'ivari
trainer, coach	მწვრთნელი	mts'vrtneli
training	ვარჯიში	varjishi

17. Foreign languages. Orthography

language	ენა	ena
to study (vt)	შესწავლა	shests'avla
pronunciation	წარმოთქმა	ts'armotkma
accent	აქცენტი	aktsent'i
noun	არსებითი სახელი	arsebiti sakheli
adjective	ზედსართავი სახელი	zedsartavi sakheli
verb	ზმნა	zmna
adverb	ზმნიზედა	zmnizeda
pronoun	ნაცვალსახელი	natsvalsakheli
interjection	შორისდებული	shorisdebuli
preposition	წინდებული	ts'indebuli
root	სიტყვის ძირი	sit'qvis dziri
ending	დაბოლოება	daboloeba
prefix	წინსართი	ts'insarti
syllable	მარცვალი	martsvali
suffix	სუფიქსი	supiksi
stress mark	მახვილი	makhvili
period, dot	წერტილი	ts'ert'ili
comma	მძიმე	mdzime
colon	ორწერტილი	orts'ert'ili
ellipsis	მრავალწერტილი	mravalts'ert'ili
question	კითხვა	k'itkhva
question mark	კითხვის ნიშანი	k'itkhvis nishani
exclamation point	ძახილის ნიშანი	dzakhilis nishani
in quotation marks	ბრჭყალებში	brch'qalebshi
in parenthesis	ფრჩხილებში	prchkhilebshi
letter	ასო	aso
capital letter	დიდი ასო	didi aso
sentence	წინადადება	ts'inadadeba
group of words	შესიტყვება	shesit'qveba
expression	გამოთქმა	gamotkma
subject	ქვემდებარე	kvemdebare
predicate	შემასმენელი	shemasmeneli
line	სტრიქონი	st'rikoni
paragraph	აბზაცი	abzatsi
synonym	სინონიმი	sinonimi
antonym	ანტონიმი	ant'onimi
exception	გამონაკლისი	gamonak'lisi
to underline (vt)	ხაზის გასმა	khazis gasma
rules	წესები	ts'esebi

grammar	გრამატიკა	gramat'ik'a
vocabulary	ლექსიკა	leksik'a
phonetics	ფონეტიკა	ponet'ik'a
alphabet	ანბანი	anbani

textbook	სახელმძღვანელო	sakhelmdzghvanelo
dictionary	ლექსიკონი	leksik'oni
phrasebook	სასაუბრო	sasaubro

word	სიტყვა	sit'qva
meaning	მნიშვნელობა	mnishvneloba
memory	მეხსიერება	mekhsiereba

18. The Earth. Geography

the Earth	დედამიწა	dedamits'a
the globe (the Earth)	დედამიწის სფერო	dedamits'is spero
planet	პლანეტა	p'lanet'a

geography	გეოგრაფია	geograpia
nature	ბუნება	buneba
map	რუკა	ruka
atlas	ატლასი	at'lasi

in the north	ჩრდილოეთში	chrdiloetshi
in the south	სამხრეთში	samkhretshi
in the west	დასავლეთში	dasavletshi
in the east	აღმოსავლეთში	aghmosavletshi

sea	ზღვა	zghva
ocean	ოკეანე	ok'eane
gulf (bay)	ყურე	qure
straits	სრუტე	srut'e

continent (mainland)	მატერიკი	mat'erik'i
island	კუნძული	k'undzuli
peninsula	ნახევარკუნძული	nakhevark'undzuli
archipelago	არქიპელაგი	arkip'elagi

harbor	ნავსადგური	navsadguri
coral reef	მარჯნის რიფი	marjnis ripi
shore	ნაპირი	nap'iri
coast	სანაპირო	sanap'iro

flow (flood tide)	მოქცევა	moktseva
ebb (ebb tide)	მიქცევა	miktseva

latitude	განედი	ganedi
longitude	გრძედი	grdzedi
parallel	პარალელი	p'araleli

equator	ეკვატორი	ek'vat'ori
sky	ცა	tsa
horizon	ჰორიზონტი	horizont'i
atmosphere	ატმოსფერო	at'mospero

mountain	მთა	mta
summit, top	მწვერვალი	mts'vervali
cliff	კლდე	k'lde
hill	ბორცვი	bortsvi

volcano	ვულკანი	vulk'ani
glacier	მყინვარი	mqinvari
waterfall	ჩანჩქერი	chanchkeri
plain	ვაკე	vak'e

river	მდინარე	mdinare
spring (natural source)	წყარო	ts'qaro
bank (of river)	ნაპირი	nap'iri
downstream (adv)	დინების ქვემოთ	dinebis kvemot
upstream (adv)	დინების ზემოთ	dinebis zemot

lake	ტბა	t'ba
dam	კაშხალი	k'ashkhali
canal	არხი	arkhi
swamp (marshland)	ჭაობი	ch'aobi
ice	ყინული	qinuli

19. Countries of the world. Part 1

Europe	ევროპა	evrop'a
European Union	ევროპის კავშირი	evrop'is k'avshiri
European (n)	ევროპელი	evrop'eli
European (adj)	ევროპული	evrop'uli

Austria	ავსტრია	avst'ria
Great Britain	დიდი ბრიტანეთი	didi brit'aneti
England	ინგლისი	inglisi
Belgium	ბელგია	belgia
Germany	გერმანია	germania

Netherlands	ნიდერლანდები	niderlandebi
Holland	ჰოლანდია	holandia
Greece	საბერძნეთი	saberdzneti
Denmark	დანია	dania
Ireland	ირლანდია	irlandia

Iceland	ისლანდია	islandia
Spain	ესპანეთი	esp'aneti
Italy	იტალია	it'alia
Cyprus	კვიპროსი	k'vip'rosi

Malta	მალტა	malt'a
Norway	ნორვეგია	norvegia
Portugal	პორტუგალია	p'ort'ugalia
Finland	ფინეთი	pineti
France	საფრანგეთი	saprangeti
Sweden	შვეცია	shvetsia

Switzerland	შვეიცარია	shveitsaria
Scotland	შოტლანდია	shot'landia
Vatican	ვატიკანი	vat'ik'ani
Liechtenstein	ლიხტენშტეინი	likht'ensht'eini
Luxembourg	ლუქსემბურგი	luksemburgi

Monaco	მონაკო	monak'o
Albania	ალბანეთი	albaneti
Bulgaria	ბულგარეთი	bulgareti
Hungary	უნგრეთი	ungreti
Latvia	ლატვია	lat'via

Lithuania	ლიტვა	lit'va
Poland	პოლონეთი	p'oloneti
Romania	რუმინეთი	rumineti
Serbia	სერბია	serbia
Slovakia	სლოვაკია	slovak'ia

Croatia	ხორვატია	khorvat'ia
Czech Republic	ჩეხეთი	chekheti
Estonia	ესტონეთი	est'oneti
Bosnia and Herzegovina	ბოსნია და ჰერცოგოვინა	bosnia da hertsogovina
Macedonia (Republic of ~)	მაკედონია	mak'edonia

Slovenia	სლოვენია	slovenia
Montenegro	ჩერნოგორია	chernogoria
Belarus	ბელორუსია	belorusia
Moldova, Moldavia	მოლდოვა	moldova
Russia	რუსეთი	ruseti
Ukraine	უკრაინა	uk'raina

20. Countries of the world. Part 2

Asia	აზია	azia
Vietnam	ვიეტნამი	viet'nami
India	ინდოეთი	indoeti
Israel	ისრაელი	israeli
China	ჩინეთი	chineti

Lebanon	ლიბანი	libani
Mongolia	მონღოლეთი	mongholeti
Malaysia	მალაიზია	malaizia
Pakistan	პაკისტანი	p'ak'ist'ani

Saudi Arabia	საუდის არაბეთი	saudis arabeti
Thailand	ტაილანდი	t'ailandi
Taiwan	ტაივანი	t'aivani
Turkey	თურქეთი	turketi
Japan	იაპონია	iap'onia
Afghanistan	ავღანეთი	avghaneti
Bangladesh	ბანგლადეში	bangladeshi
Indonesia	ინდონეზია	indonezia
Jordan	იორდანია	iordania
Iraq	ერაყი	eraqi
Iran	ირანი	irani
Cambodia	კამბოჯა	k'amboja
Kuwait	კუვეიტი	k'uveit'i
Laos	ლაოსი	laosi
Myanmar	მიანმარი	mianmari
Nepal	ნეპალი	nep'ali
United Arab Emirates	აგს	ags
Syria	სირია	siria
Palestine	პალესტინის ავტონომია	p'alest'inis avt'onomia
South Korea	სამხრეთ კორეა	samkhret k'orea
North Korea	ჩრდილოეთ კორეა	chrdiloet k'orea
United States of America	ამერიკის შეერთებული შტატები	amerik'is sheertebuli sht'at'ebi
Canada	კანადა	k'anada
Mexico	მექსიკა	meksik'a
Argentina	არგენტინა	argent'ina
Brazil	ბრაზილია	brazilia
Colombia	კოლუმბია	k'olumbia
Cuba	კუბა	k'uba
Chile	ჩილე	chile
Venezuela	ვენესუელა	venesuela
Ecuador	ეკვადორი	ek'vadori
The Bahamas	ბაჰამის კუნძულები	bahamis k'undzulebi
Panama	პანამა	p'anama
Egypt	ეგვიპტე	egvip't'e
Morocco	მაროკო	marok'o
Tunisia	ტუნისი	t'unisi
Kenya	კენია	k'enia
Libya	ლივია	livia
South Africa	სამხრეთ აფრიკის რესპუბლიკა	samkhret aprik'is resp'ublik'a
Australia	ავსტრალია	avst'ralia
New Zealand	ახალი ზელანდია	akhali zelandia

21. Weather. Natural disasters

weather	ამინდი	amindi
weather forecast	ამინდის პროგნოზი	amindis p'rognozi
temperature	ტემპერატურა	t'emp'erat'ura
thermometer	თერმომეტრი	termomet'ri
barometer	ბარომეტრი	baromet'ri
sun	მზე	mze
to shine (vi)	ანათებს	anatebs
sunny (day)	მზიანი	mziani
to come up (vi)	ამოსვლა	amosvla
to set (vi)	ჩასვლა	chasvla
rain	წვიმა	ts'vima
it's raining	წვიმა მოდის	ts'vima modis
pouring rain	კოკისპირული	k'ok'isp'iruli
rain cloud	ღრუბელი	ghrubeli
puddle	გუბე	gube
to get wet (in rain)	დასველება	dasveleba
thunderstorm	ჭექა	ch'eka
lightning (~ strike)	მეხი	mekhi
to flash (vi)	ელვარება	elvareba
thunder	ქუხილი	kukhili
it's thundering	ქუხს	kukhs
hail	სეტყვა	set'qva
it's hailing	სეტყვა მოდის	set'qva modis
heat (extreme ~)	სიცხე	sitskhe
it's hot	ცხელი	tskheli
it's warm	თბილა	tbila
it's cold	სიცივე	sitsive
fog (mist)	ნისლი	nisli
foggy	ნისლიანი	nisliani
cloud	ღრუბელი	ghrubeli
cloudy (adj)	ღრუბლიანი	ghrubliani
humidity	ტენიანობა	t'enianoba
snow	თოვლი	tovli
it's snowing	თოვლი მოდის	tovli modis
frost (severe ~, freezing cold)	ყინვა	qinva
below zero (adv)	ნულს ქვემოთ	nuls kvemot
hoarfrost	თრთვილი	trtvili
bad weather	უამინდობა	uamindoba
disaster	კატასტროფა	k'at'ast'ropa
flood, inundation	წყალდიდობა	ts'qaldidoba
avalanche	ზვავი	zvavi

earthquake	მიწისძვრა	mits'isdzvra
tremor, quake	ბიძგი	bidzgi
epicenter	ეპიცენტრი	ep'itsent'ri
eruption	ამოფრქვევა	amoprkveva
lava	ლავა	lava
tornado	ტორნადო	t'ornado
twister	გრიგალი	grigali
hurricane	გრიგალი	grigali
tsunami	ცუნამი	tsunami
cyclone	ციკლონი	tsik'loni

22. Animals. Part 1

animal	ცხოველი	tskhoveli
predator	მტაცებელი	mt'atsebeli
tiger	ვეფხვი	vepkhvi
lion	ლომი	lomi
wolf	მგელი	mgeli
fox	მელა	mela
jaguar	იაგუარი	iaguari
lynx	ფოცხვერი	potskhveri
coyote	კოიოტი	k'oiot'i
jackal	ტურა	t'ura
hyena	გიენა	giena
squirrel	ციყვი	tsiqvi
hedgehog	ზღარბი	zgharbi
rabbit	ბოცვერი	botsveri
raccoon	ენოტი	enot'i
hamster	ზაზუნა	zazuna
mole	თხუნელა	tkhunela
mouse	თაგვი	tagvi
rat	ვირთხა	virtkha
bat	ღამურა	ghamura
beaver	თახვი	takhvi
horse	ცხენი	tskheni
deer	ირემი	iremi
camel	აქლემი	aklemi
zebra	ზებრა	zebra
whale	ვეშაპი	veshap'i
seal	სელაპი	selap'i
walrus	ლომვეშაპი	lomveshap'i
dolphin	დელფინი	delpini
bear	დათვი	datvi

monkey	მაიმუნი	maimuni
elephant	სპილო	sp'ilo
rhinoceros	მარტორქა	mart'orka
giraffe	ჟირაფი	zhirapi

hippopotamus	ბეჰემოთი	behemoti
kangaroo	კენგურუ	k'enguru
cat	კატა	k'at'a

cow	ძროხა	dzrokha
bull	ხარი	khari
sheep (ewe)	დედალი ცხვარი	dedali tskhvari
goat	თხა	tkha

donkey	ვირი	viri
pig, hog	ღორი	ghori
hen (chicken)	ქათამი	katami
rooster	მამალი	mamali

duck	იხვი	ikhvi
goose	ბატი	bat'i
turkey (hen)	დედალი ინდაური	dedali indauri
sheepdog	ნაგაზი	nagazi

23. Animals. Part 2

bird	ფრინველი	prinveli
pigeon	მტრედი	mt'redi
sparrow	ბეღურა	beghura
tit (great tit)	წიწკანა	ts'its'k'ana
magpie	კაჭკაჭი	k'ach'k'ach'i

eagle	არწივი	arts'ivi
hawk	ქორი	kori
falcon	შევარდენი	shevardeni

swan	გედი	gedi
crane	წერო	ts'ero
stork	ყარყატი	qarqat'i
parrot	თუთიყუში	tutiqushi
peacock	ფარშევანგი	parshevangi
ostrich	სირაქლემა	siraklema

heron	ყანჩა	qancha
nightingale	ბულბული	bulbuli
swallow	მერცხალი	mertskhali
woodpecker	კოდალა	k'odala
cuckoo	გუგული	guguli
owl	ბუ	bu
penguin	პინგვინი	p'ingvini

tuna	თინუსი	tinusi
trout	კალმახი	k'almakhi
eel	გველთევზა	gveltevza

shark	ზვიგენი	zvigeni
crab	კიბორჩხალა	k'iborchkhala
jellyfish	მედუზა	meduza
octopus	რვაფეხა	rvapekha

starfish	ზღვის ვარსკვლავი	zghvis varsk'vlavi
sea urchin	ზღვის ზღარბი	zghvis zgharbi
seahorse	ცხენთევზა	tskhentevza
shrimp	კრევეტი	k'revet'i

snake	გველი	gveli
viper	გველგესლა	gvelgesla
lizard	ხვლიკი	khvlik'i
iguana	იგუანა	iguana
chameleon	ქამელეონი	kameleoni
scorpion	მორიელი	morieli

turtle	კუ	k'u
frog	ბაყაყი	baqaqi
crocodile	ნიანგი	niangi

insect, bug	მწერი	mts'eri
butterfly	პეპელა	p'ep'ela
ant	ჭიანჭველა	ch'ianch'vela
fly	ბუზი	buzi

mosquito	კოღო	k'ogho
beetle	ხოჭო	khoch'o
bee	ფუტკარი	put'k'ari
spider	ობობა	oboba

24. Trees. Plants

tree	ხე	khe
birch	არყის ხე	arqis khe
oak	მუხა	mukha
linden tree	ცაცხვი	tsatskhvi
aspen	ვერხვი	verkhvi

maple	ნეკერჩხალი	nek'erchkhali
spruce	ნაძვის ხე	nadzvis khe
pine	ფიჭვი	pich'vi
cedar	კედარი	k'edari

poplar	ალვის ხე	alvis khe
rowan	ცირცელი	tsirtseli

beech	წიფელი	ts'ipeli
elm	თელა	tela

ash (tree)	იფანი	ipani
chestnut	წაბლი	ts'abli
palm tree	პალმა	p'alma
bush	ბუჩქი	buchki
mushroom	სოკო	sok'o
poisonous mushroom	შხამიანი სოკო	shkhamiani sok'o
cep (Boletus edulis)	თეთრი სოკო	tetri sok'o
russula	ბღავანა	bghavana
fly agaric	ბუზიხოცია	buzikhotsia
death cap	შხამა	shkhama

flower	ყვავილი	qvavili
bouquet (of flowers)	თაიგული	taiguli
rose (flower)	ვარდი	vardi
tulip	ტიტა	t'it'a
carnation	მიხაკი	mikhak'i

camomile	გვირილა	gvirila
cactus	კაქტუსი	k'akt'usi
lily of the valley	შროშანა	shroshana
snowdrop	ენძელა	endzela
water lily	წყლის შროშანი	ts'qlis shroshani
greenhouse (tropical ~)	ორანჟერეა	oranzherea
lawn	გაზონი	gazoni
flowerbed	ყვავილნარი	qvavilnari

plant	მცენარე	mtsenare
grass	ბალახი	balakhi
leaf	ფოთოლი	potoli
petal	ფურცელი	purtseli
stem	ღერო	ghero
young plant (shoot)	ღივი	ghivi

cereal crops	მარცვლეული მცენარე	martsvleuli mtsenare
wheat	ხორბალი	khorbali
rye	ჭვავი	ch'vavi
oats	შვრია	shvria

millet	ფეტვი	pet'vi
barley	ქერი	keri
corn	სიმინდი	simindi
rice	ბრინჯი	brinji

25. Various useful words

balance (of situation)	ბალანსი	balansi
base (basis)	ბაზა	baza

| beginning | დასაწყისი | dasats'qisi |
| category | კატეგორია | k'at'egoria |

choice	არჩევანი	archevani
coincidence	დამთხვევა	damtkhveva
comparison	შედარება	shedareba
degree (extent, amount)	ხარისხი	khariskhi

development	განვითარება	ganvitareba
difference	განსხვავება	ganskhvaveba
effect (e.g., of drugs)	ეფექტი	epekt'i
effort (exertion)	ძალისხმევა	dzaliskhmeva

element	ელემენტი	element'i
example (illustration)	მაგალითი	magaliti
fact	ფაქტი	pakt'i
help	დახმარება	dakhmareba

ideal	იდეალი	ideali
kind (sort, type)	სახეობა	sakheoba
mistake, error	შეცდომა	shetsdoma
moment	მომენტი	moment'i

obstacle	დაბრკოლება	dabrk'oleba
part (~ of sth)	ნაწილი	nats'ili
pause (break)	პაუზა	p'auza
position	პოზიცია	p'ozitsia

problem	პრობლემა	p'roblema
process	პროცესი	p'rotsesi
progress	პროგრესი	p'rogresi
property (quality)	თვისება	tviseba

reaction	რეაქცია	reaktsia
risk	რისკი	risk'i
secret	საიდუმლო	saidumlo
series	სერია	seria

shape (outer form)	ფორმა	porma
situation	სიტუაცია	sit'uatsia
solution	ამოხსნა	amokhsna
standard (adj)	სტანდარტული	st'andart'uli

stop (pause)	შეჩერება	shechereba
style	სტილი	st'ili
system	სისტემა	sist'ema
table (chart)	ტაბულა	t'abula
tempo, rate	ტემპი	t'emp'i

| term (word, expression) | ტერმინი | t'ermini |
| truth (e.g., moment of ~) | ჭეშმარიტება | ch'eshmarit'eba |

turn (please wait your ~)	რიგი	rigi
urgent (adj)	სასწრაფო	sasts'rapo

utility (usefulness)	სარგებელი	sargebeli
variant (alternative)	ვარიანტი	variant'i
way (means, method)	საშუალება	sashualeba
zone	ზონა	zona

26. Modifiers. Adjectives. Part 1

additional (adj)	დამატებითი	damat'ebiti
ancient (~ civilization)	ძველი	dzveli
artificial (adj)	ხელოვნური	khelovnuri
bad (adj)	ცუდი	tsudi
beautiful (person)	ლამაზი	lamazi

big (in size)	დიდი	didi
bitter (taste)	მწარე	mts'are
blind (sightless)	ბრმა	brma
central (adj)	ცენტრალური	tsent'raluri

children's (adj)	საბავშვო	sabavshvo
clandestine (secret)	იატაკქვეშა	iat'ak'kvesha
clean (free from dirt)	სუფთა	supta
clever (smart)	ჭკვიანი	ch'k'viani
compatible (adj)	თავსებადი	tavsebadi

contented (satisfied)	კმაყოფილი	k'maqopili
dangerous (adj)	საშიში	sashishi
dead (not alive)	მკვდარი	mk'vdari
dense (fog, smoke)	მჭიდრო	mch'idro
difficult (decision)	ძნელი	dzneli

dirty (not clean)	ჭუჭყიანი	ch'uch'qiani
easy (not difficult)	უბრალო	ubralo
empty (glass, room)	ცარიელი	tsarieli
exact (amount)	ზუსტი	zust'i
excellent (adj)	წარჩინებული	ts'archinebuli

excessive (adj)	უზომო	uzomo
exterior (adj)	გარეგანი	garegani
fast (quick)	სწრაფი	sts'rapi
fertile (land, soil)	ნაყოფიერი	naqopieri
fragile (china, glass)	მყიფე	mqipe

free (at no cost)	უფასო	upaso
fresh (~ water)	მტკნარი	mt'k'nari
frozen (food)	გაყინული	gaqinuli
full (completely filled)	სავსე	savse
happy (adj)	ბედნიერი	bednieri

hard (not soft)	მყარი	mqari
huge (adj)	უზარმაზარი	uzarmazari
ill (sick, unwell)	ავადმყოფი	avadmqopi
immobile (adj)	უმოძრაო	umodzrao
important (adj)	მნიშვნელოვანი	mnishvnelovani
interior (adj)	შინაგანი	shinagani
last (e.g., ~ week)	წარსული	ts'arsuli
last (final)	ბოლო	bolo
left (e.g., ~ side)	მარცხენა	martskhena
legal (legitimate)	კანონიერი	k'anonieri
light (in weight)	მსუბუქი	msubuki
liquid (fluid)	თხევადი	tkhevadi
long (e.g., ~ hair)	გრძელი	grdzeli
loud (voice, etc.)	ხმამაღალი	khmamaghali
low (voice)	ჩუმი	chumi

27. Modifiers. Adjectives. Part 2

main (principal)	მთავარი	mtavari
matt, matte	მქრქალი	mkrkali
mysterious (adj)	იდუმალი	idumali
narrow (street, etc.)	ვიწრო	vits'ro
native (~ country)	მშობლიური	mshobliuri
negative (~ response)	უარყოფითი	uarqopiti
new (adj)	ახალი	akhali
next (e.g., ~ week)	შემდეგი	shemdegi
normal (adj)	ნორმალური	normaluri
not difficult (adj)	მარტივი	mart'ivi
obligatory (adj)	აუცილებელი	autsilebeli
old (house)	მოხუცი	mokhutsi
open (adj)	ღია	ghia
opposite (adj)	საწინააღმდეგო	sats'inaaghmdego
ordinary (usual)	ჩვეულებრივი	chveulebrivi
original (unusual)	ორიგინალური	originaluri
personal (adj)	კერძო	k'erdzo
polite (adj)	ზრდილობიანი	zrdilobiani
poor (not rich)	ღარიბი	gharibi
possible (adj)	შესაძლებელი	shesadzlebeli
principal (main)	ძირითადი	dziritadi
probable (adj)	უეჭველი	uech'veli
prolonged (e.g., ~ applause)	ხანგრძლივი	khangrdzlivi
public (open to all)	საზოგადო	sazogado
rare (adj)	იშვიათი	ishviati

raw (uncooked)	უმი	umi
right (not left)	მარჯვენა	marjvena
ripe (fruit)	მწიფე	mts'ipe
risky (adj)	სარისკო	sarisk'o
sad (~ look)	დარდიანი	dardiani
second hand (adj)	ხმარებაში ნამყოფი	khmarebashi namqopi
shallow (water)	თხელი	tkheli
sharp (blade, etc.)	ბასრი	basri
short (in length)	მოკლე	mok'le
similar (adj)	მსგავსი	msgavsi
small (in size)	პაწაწინა	p'ats'ats'ina
smooth (surface)	გლუვი	gluvi
soft (~ toys)	რბილი	rbili
solid (~ wall)	მტკიცე	mt'k'itse
sour (flavor, taste)	მჟავე	mzhave
spacious (house, etc.)	ფართე	parte
special (adj)	სპეციალური	sp'etsialuri
straight (line, road)	სწორი	sts'ori
strong (person)	ძლიერი	dzlieri
stupid (foolish)	სულელი	suleli
superb, perfect (adj)	შესანიშნავი	shesanishnavi
sweet (sugary)	ტკბილი	t'k'bili
tan (adj)	მზემოკიდებული	mzemok'idebuli
tasty (delicious)	გემრიელი	gemrieli
unclear (adj)	ბუნდოვანი	bundovani

28. Verbs. Part 1

to accuse (vt)	დაბრალება	dabraleba
to agree (say yes)	დათანხმება	datankhmeba
to announce (vt)	გამოცხადება	gamotskhadeba
to answer (vi, vt)	პასუხის გაცემა	p'asukhis gatsema
to apologize (vi)	ბოდიშის მოხდა	bodishis mokhda
to arrive (vi)	ჩამოსვლა	chamosvla
to ask (~ oneself)	კითხვა	k'itkhva
to be absent	არდასწრება	ardasts'reba
to be afraid	შიში	shishi
to be born	დაბადება	dabadeba
to be in a hurry	აჩქარება	achkareba
to beat (to hit)	დარტყმა	dart'qma
to begin (vt)	დაწყება	dats'qeba
to believe (in God)	რწმენა	rts'mena
to belong to ...	კუთვნება	k'utvneba

to break (split into pieces)	ტეხა	t'ekha
to build (vt)	აშენება	asheneba
to buy (purchase)	ყიდვა	qidva
can (v aux)	შეძლება	shedzleba
can (v aux)	შეძლება	shedzleba
to cancel (call off)	გაუქმება	gaukmeba

to catch (vt)	ჭერა	ch'era
to change (vt)	შეცვლა	shetsvla
to check (to examine)	შემოწმება	shemots'meba
to choose (select)	არჩევა	archeva
to clean up (tidy)	დალაგება	dalageba

to close (vt)	დაკეტვა	dak'et'va
to compare (vt)	შედარება	shedareba
to complain (vi, vt)	ჩივილი	chivili
to confirm (vt)	დადასტურება	dadast'ureba
to congratulate (vt)	მილოცვა	milotsva

to cook (dinner)	მზადება	mzadeba
to copy (vt)	კოპირება	k'op'ireba
to cost (vt)	ღირება	ghireba
to count (add up)	დათვლა	datvla
to count on ...	იმედის ქონა	imedis kona

to create (vt)	შექმნა	shekmna
to cry (weep)	ტირილი	t'irili
to dance (vi, vt)	ცეკვა	tsek'va
to deceive (vi, vt)	მოტყუება	mot'queba
to decide (~ to do sth)	გადაწყვეტა	gadats'qvet'a

to delete (vt)	წაშლა	ts'ashla
to demand (request firmly)	მოთხოვნა	motkhovna
to deny (vt)	უარყოფა	uarqopa
to depend on ...	დამოკიდებულება	damok'idebuleba
to despise (vt)	ზიზღი	zizghi

to die (vi)	მოკვდომა	mok'vdoma
to dig (vt)	თხრა	tkhra
to disappear (vi)	გაუჩინარება	gauchinareba
to discuss (vt)	განხილვა	gankhilva
to disturb (vt)	ხელის შეშლა	khelis sheshla

29. Verbs. Part 2

to dive (vi)	ყვინთვა	qvintva
to divorce (vi)	განქორწინება	gankorts'ineba
to do (vt)	კეთება	k'eteba
to doubt (have doubts)	დაეჭვება	daech'veba
to drink (vi, vt)	სმა	sma

to drop (let fall)	ხელიდან გავარდნა	khelidan gavardna
to dry (clothes, hair)	შრობა	shroba
to eat (vi, vt)	ჭამა	ch'ama
to end (~ a relationship)	შეწყვეტა	shets'qvet'a
to excuse (forgive)	პატიება	p'at'ieba
to exist (vi)	არსებობა	arseboba
to expect (foresee)	გათვალისწინება	gatvalists'ineba
to explain (vt)	ახსნა	akhsna
to fall (vi)	ვარდნა	vardna
to fight (street fight, etc.)	ჩხუბი	chkhubi
to find (vt)	პოვნა	p'ovna
to finish (vt)	დამთავრება	damtavreba
to fly (vi)	ფრენა	prena
to forbid (vt)	აკრძალვა	ak'rdzalva
to forget (vi, vt)	დავიწყება	davits'qeba
to forgive (vt)	პატიება	p'at'ieba
to get tired	დაღლა	daghla
to give (vt)	მიცემა	mitsema
to go (on foot)	სვლა	svla
to hate (vt)	სიძულვილი	sidzulvili
to have (anim.)	ყოლა	qola
to have (inanim.)	ქონა	kona
to have breakfast	საუზმობა	sauzmoba
to have dinner	ვახშმობა	vakhshmoba
to have lunch	სადილობა	sadiloba
to hear (vt)	სმენა	smena
to help (vt)	დახმარება	dakhmareba
to hide (vt)	დამალვა	damalva
to hope (vi, vt)	იმედოვნება	imedovneba
to hunt (vi, vt)	ნადირობა	nadiroba
to hurry (vi)	აჩქარება	achkareba
to insist (vi, vt)	დაჟინება	dazhineba
to insult (vt)	შეურაცხყოფა	sheuratskhqopa
to invite (vt)	მოწვევა	mots'veva
to joke (vi)	ხუმრობა	khumroba
to keep (vt)	შენახვა	shenakhva
to kill (vt)	მოკვლა	mok'vla
to know (sb)	ცნობა	tsnoba
to know (sth)	ცოდნა	tsodna
to like (I like …)	მოწონება	mots'oneba
to look at …	ყურება	qureba
to lose (umbrella, etc.)	დაკარგვა	dak'argva
to love (sb)	სიყვარული	siqvaruli
to make a mistake	შეცდომა	shetsdoma

| to meet (vi, vt) | შეხვედრა | shekhvedra |
| to miss (school, etc.) | გაცდენა | gatsdena |

30. Verbs. Part 3

to obey (vi, vt)	დამორჩილება	damorchileba
to open (vt)	გაღება	gagheba
to participate (vi)	მონაწილეობის მიღება	monats'ileobis migheba
to pay (vi, vt)	გადახდა	gadakhda
to permit (vt)	ნებართვა	nebartva

to play (children)	თამაში	tamashi
to pray (vi, vt)	ლოცვა	lotsva
to promise (vt)	დაპირება	dap'ireba
to propose (vt)	შეთავაზება	shetavazeba
to prove (vt)	დამტკიცება	damt'k'itseba
to read (vi, vt)	კითხვა	k'itkhva

to receive (vt)	მიღება	migheba
to rent (sth from sb)	დაქირავება	dakiraveba
to repeat (say again)	გამეორება	gameoreba
to reserve, to book	რეზერვირება	rezervireba
to run (vi)	გაქცევა	gaktseva

to save (rescue)	გადარჩენა	gadarchena
to say (~ thank you)	თქმა	tkma
to see (vt)	ხედვა	khedva
to sell (vt)	გაყიდვა	gaqidva
to send (vt)	გაგზავნა	gagzavna
to shoot (vi)	სროლა	srola

to shout (vi)	ყვირილი	qvirili
to show (vt)	ჩვენება	chveneba
to sign (document)	ხელის მოწერა	khelis mots'era
to sing (vi)	გალობა	galoba
to sit down (vi)	დაჯდომა	dajdoma

to smile (vi)	გაღიმება	gaghimeba
to speak (vi, vt)	ლაპარაკი	lap'arak'i
to steal (money, etc.)	პარვა	p'arva
to stop (please ~ calling me)	შეწყვეტა	shets'qvet'a
to study (vt)	შესწავლა	shests'avla

to swim (vi)	ცურვა	tsurva
to take (vt)	აღება	agheba
to talk to …	ლაპარაკი	lap'arak'i
to tell (story, joke)	მოყოლა	moqola
to thank (vt)	მადლობა	madloba
to think (vi, vt)	ფიქრი	pikri

to translate (vt)	თარგმნა	targmna
to trust (vt)	ნდობა	ndoba
to try (attempt)	ცდა	tsda
to turn (e.g., ~ left)	მობრუნება	mobruneba
to turn off	გამორთვა	gamortva
to turn on	ჩართვა	chartva
to understand (vt)	გაგება	gageba
to wait (vt)	ლოდინი	lodini
to want (wish, desire)	ნდომა	ndoma
to work (vi)	მუშაობა	mushaoba
to write (vt)	წერა	ts'era

Printed in Great Britain
by Amazon